Neal Harris

Metafísica nebulosa? Repensar a Dialética do Iluminismo

Neal Harris

Metafísica nebulosa? Repensar a Dialética do Iluminismo

A Dialética do Iluminismo como diagnóstico da patologia social

ScienciaScripts

Imprint
Any brand names and product names mentioned in this book are subject to trademark, brand or patent protection and are trademarks or registered trademarks of their respective holders. The use of brand names, product names, common names, trade names, product descriptions etc. even without a particular marking in this work is in no way to be construed to mean that such names may be regarded as unrestricted in respect of trademark and brand protection legislation and could thus be used by anyone.

Cover image: Disponibilizado pelo autor

This book is a translation from the original published under ISBN 978-3-659-89025-3.

Publisher:
Sciencia Scripts
is a trademark of
Dodo Books Indian Ocean Ltd. and OmniScriptum S.R.L publishing group

120 High Road, East Finchley, London, N2 9ED, United Kingdom
Str. Armeneasca 28/1, office 1, Chisinau MD-2012, Republic of Moldova, Europe
Managing Directors: Ieva Konstantinova, Victoria Ursu
info@omniscriptum.com

Printed at: see last page
ISBN: 978-620-8-54368-6

Índice :

Introdução

A Dialética do Esclarecimento de Adorno e Horkheimer (1997 [1944]) encontra-se agora precariamente na periferia da filosofia social "aceitável", sendo muitas vezes rejeitada como transcendente na sua crítica e totalizante na sua apresentação [Honneth, 2000]. Neste artigo, defendo que essa perspetiva é de facto insuficiente. Defendo que *a Dialética do Iluminismo* é uma obra de imenso valor para o teórico social de hoje e que as críticas dominantes na sua receção contemporânea não têm em conta as espécies distintas de crítica que *a Dialética do Iluminismo* evoca. Defendo que quando a *Dialética do Iluminismo* é vista através do paradigma ***do diagnóstico da patologia social,*** a obra apresenta-se como um esforço poderoso e oportuno na filosofia social. Quando se lê a *Dialética do Iluminismo*, torna-se claro que a obra é uma crítica sofisticada e gratificante, não de uma sociedade situada, mas de uma "forma de vida". Este artigo tem como objetivo produzir uma tal crítica diagnóstica da patologia, demonstra os passos envolvidos na criação de uma tal leitura e apresenta o modo como um tal esquema interpretativo ajuda a desafiar as tendências dominantes que questionam a legitimidade da *Dialética do Iluminismo* como uma obra de teoria social relevante.

Defenderei que *a Dialética do Iluminismo* de Adorno e Horkheimer apresenta um esquema "hibridizado" de patologia social, salientando a existência de uma doença a *dois níveis*, uma doença antecedente fundamental (racionalidade instrumental), que precipita múltiplos males secundários: duas doenças distintas em si mesmas, mas claramente sintomáticas da "doença" fundamental. Através de uma exploração aprofundada da forma de diagnóstico da patologia social, e da minha leitura particular da *Dialética do Iluminismo* como uma patologia que diagnostica a crítica, mostro a utilidade de um tal imaginário, e demonstro como e porquê *a Dialética do Iluminismo*, em particular, beneficia grandemente de um tal entendimento.

Comecei a pensar nisto depois de ler um artigo de Axel Honneth (2000): *A Possibilidade de uma Crítica Reveladora da Sociedade: A Dialética do Iluminismo à Luz dos Debates Actuais da Crítica Social.* O artigo de Honneth defende a *Dialética do Iluminismo* como uma obra significativa da filosofia social contra a acusação de utilizar uma forma de crítica "politicamente perigosa" [Honneth, 2000: 117]. Para Honneth, "a suspeita generalizada [sic] de que o projeto da Dialética *do Iluminismo* como um todo representa uma forma de crítica que não pode ser teoricamente justificada" [Ibid.] simplesmente não consegue captar o "tipo particular de crítica reveladora do mundo que a *Dialética do Iluminismo* representa" [Ibid.]. Um aspeto tangencial e relativamente pouco desenvolvido do artigo é a afirmação de Honneth de que o método de crítica que procura articular, a crítica reveladora do mundo, é muito mais apropriado para uma espécie de "doença ou desordem social" a que chama "patologia" [Honneth, 2000: 118]. [1]Esta área de crítica opõe-se à análise e exposição dos "erros sociais" mais tradicionalmente estudados no domínio da filosofia social e política liberal: a articulação de uma espécie, ou ocorrência, de injustiça(s). Embora o artigo de Honneth (2000) se centre no método e na distância da crítica utilizada na *Dialética do Iluminismo,* é esta noção de que *a Dialética do Iluminismo* procurou articular uma espécie de doença social,

[1] Esta noção de uma academia socio-filosófica distintamente "liberal" é discutida em Neuhouser (2014a) "Rousseau and the Idea of a Sick Society". Neuhouser argumenta que, *contrariamente à* crítica do diagnóstico patológico, o paradigma liberal manifesta-se numa distinção forçada entre "o político" e "o ético".

ofereceu uma *articulação de uma patologia social*.

O diagnóstico da Dialética do Esclarecimento é aquele que me pareceu mais interessante. [2]Assim, enquanto o artigo de Honneth ( ) se centra na metodologia e nas particularidades da "crítica reveladora do mundo", este artigo centra-se antes no conteúdo substantivo ( ) da *Dialética do Esclarecimento* para analisar as complexas submissões da obra do ponto de vista do diagnóstico dos males sociais intrínsecos a "uma forma de vida".

Começo por analisar o lugar da *Dialética do Iluminismo* na literatura crítica contemporânea. Reconheço a tese de Honneth (2000) de que existe um duplo movimento que questiona a inclusão do texto no cânone da filosofia social devido à distância crítica adoptada pela obra. [3][4]Uma dessas correntes gostaria de expulsar a *Dialética das Luzes* pelo seu uso de uma espécie de crítica *perigosamente* transcendente; a outra corrente gostaria de considerar que os maiores pontos fortes da obra são, acima de tudo, *estéticos*. No entanto, muitos académicos também questionaram o conteúdo crítico substancial da obra, sendo três as acusações recorrentes:

a) a acusação de que *a Dialética do Esclarecimento* representa uma crítica totalizante injustificada [Habermas e Levin, 1982: 18; Yack, 1997: 112],
b) a acusação de que o "negativismo histórico-filosófico" de Adorno [Honneth, 1994: 265] produz uma obra que é, por defeito, a-histórica

---

[2] Ao usar o termo "substantivo", estou a referir-me à argumentação dentro dos quadros de referência da *dialética do Iluminismo*. Contrastei isto com as preocupações metodológicas de Honneth (2000), que têm menos a ver com o conteúdo dos argumentos, estando Honneth mais interessado no lugar da génese do argumento.

[3] Honneth [2000: 126] considera que esta receção é ilustrada por Habermas, J. (1987) *The Political Discourse of Modernity: Twelve Lectures,* Cambridge, MA, MIT Press, 106-131.

[4] Honneth [2000: 126] considera que esta receção é ilustrada por van den Brink (1997) "Gesellschaftstheorie und Ubertreibungskunst. Fur eine alternative Lesart der "Dialetik der Aufklarung"", *Neue Rundschau 1,* pp. 37-59.

[Bronner, 2011: 60]. Estas duas acusações podem conduzir à seguinte posição:

c) que o "modo de apresentação" [Habermas, 1982: 14] da obra, combinado com a sua centralidade metafísica, produz pouco mais do que um "nevoeiro metafísico" [Bronner, 2011: 60].

Embora o artigo de Honneth (2000) ofereça uma réplica sólida aos ataques de ambos os campos no que respeita à distância da crítica, as últimas três críticas permanecem sem resposta, e responder-lhes-ei longamente neste artigo. Após uma breve revisão da literatura relevante, introduzo a forma da patologia. Apresento a história do diagnóstico da patologia social no seu desenvolvimento desde o uso freudiano, passando pelo uso honethiano, até ao uso neuhauseriano. Introduzo a ideia de que existem implicitamente diferentes formas de patologia, com diferentes teóricos a preferirem modelos divergentes de diagnóstico de estados de sintomas. O artigo articula brevemente uma forma de julgar os méritos relativos de esquemas patológicos divergentes em termos da capacidade do modelo para alinhar 'sintoma' e 'condição' de uma forma causal. Considero que a caraterística definidora de um diagnóstico eficaz é a capacidade de distinguir entre o sintoma e a patologia subjacente, e de articular uma causalidade clara.

[5]Antes de este projeto explorar a *Dialética do Iluminismo* a partir do paradigma do diagnóstico patológico, o artigo recua e examina as lições que podem ser retiradas das leituras patologicamente sensíveis do patologista social original, Jean-Jacques Rousseau. A literatura primária disponível provém principalmente de Frederick Neuhouser, com material adicional de Axel Honneth. Passo em revista os seus trabalhos:

[5] Ver Neuhouser [2014b: 8].

- apreciar a variedade de males sociais que podem existir,
- expor várias práticas de diagnóstico, tais como a forma como a causalidade é mapeada em , e ;
- para identificar os diferentes padrões a analisar.

Para além do seu papel na minha exposição do imaginário de diagnóstico da patologia social, incorporo as discussões de Neuhouser e Honneth sobre Rousseau porque permitem ao leitor seguir o desenvolvimento do meu esquema de diagnóstico da patologia híbrida. O esquema que proponho, em contraste com a existência de uma representação direta dos sintomas da doença, é um modelo híbrido de "dois níveis" dos males da sociedade. Proponho uma leitura da *Dialética do Iluminismo* que mostra como um fator causal primário (i.e. racionalidade instrumental) produz doenças de segundo nível (i.e. dinâmicas negativas que se autoperpetuam), que depois se manifestam em sintomas (i.e. alienação, mercantilização, empobrecimento cultural, etc.).

Este artigo propõe então uma leitura da *Dialética do Iluminismo* sob a forma de um diagnóstico patológico, utilizando o esquema híbrido que desenvolvi. **O artigo explica explicitamente como e porquê esta leitura da *Dialética do Iluminismo* ajuda a mitigar as três principais acusações feitas contra a obra na literatura académica recente.**

Como o argumento do documento está perfeitamente articulado, produzo e respondo a uma resposta antecipada à minha apresentação. Uma resposta razoável ao meu trabalho poderia ser algo como o seguinte: Se Horkheimer e Adorno queriam mostrar como a sociedade estava doente, impedindo o funcionamento ótimo dos indivíduos no seu seio, porque não usaram simplesmente estes termos de forma explícita, por oposição à "forma obscura de apresentação" [Habermas, 1982:14] por que acabaram por optar? Em resposta a esta réplica, defendo que o meu artigo propõe uma forma de ler a *Dialética do Iluminismo,* um esquema para ler o texto como um diagnóstico de patologia social, e não pretende oferecer uma exegese *ad verbatim*.

Este artigo conclui, portanto, rearticulando a sua proposta principal: **ler a *Dialética do Iluminismo* como um trabalho de diagnóstico da patologia social ilumina o verdadeiro poder crítico da obra e afirma o seu estatuto de obra canónica da filosofia social.** O modelo híbrido particular de patologia social que introduzo, o esquema de "dois níveis", é rearticulado em abstrato, e a potencial utilidade futura deste modelo é discutida. Os comentários finais ligam a minha leitura da *Dialética do Iluminismo* ao desenvolvimento do pensamento posterior de Adorno, bem como ao hino particularmente melancólico de Minima Moralia, "Es gibt kein richtiges Leben im falschen" ou "uma vida má não pode ser vivida corretamente" [Adorno, 1999: 39]. Defendo que, se a *Dialética do Esclarecimento* é lida como uma análise sinóptica e diagnóstica em grande escala de uma doença social, *a Minima Moralia* final de Adorno é apresentada como um exame lírico e carregado de pathos dos pormenores, o micro desta patologia.

Um parêntesis sobre o capitalismo

[6]Embora este projeto se centre explicitamente numa leitura particular da *Dialética do Iluminismo,* quando se considera o tema que está no centro deste projeto, pareceria enganadoramente obscurantista não abordar um tema central que nunca aparece noutro lugar deste

---

[6] Para Bronner, trata-se de uma interrogação do capitalismo verdadeiramente "fiel ao imperativo de [...] Marx" [Bronner, 2011: 52].

trabalho: Marx e os deméritos de uma sociedade organizada em torno de uma *relação* dominante de acumulação de capital. [7]Marx, para além de servir de interface entre os patologistas sociais de que estou a falar, pode ele próprio ser lido como um patologista social *por excelência*. [8]A forma "doente" da sociedade em *A Dialética do Iluminismo* é claramente a sociedade capitalista; tanto o capitalismo de Estado soviético como as gradações *do* capitalismo *laissez-faire* das principais potências mundiais. A consciência e os padrões evolutivos da forma de diagnóstico da patologia social que este artigo espera propagar serão úteis para futuras investigações sobre a natureza da sociedade capitalista enquanto patologia e responsável pela precipitação de "formas de vida" doentias. Assim, embora este artigo não possua nem a sofisticação nem a eloquência de Adorno e Horkheimer, a sombra de Marx que paira sobre ele reproduz, em certa medida, o espetro de Marx que espreita nas páginas da própria *Dialética do Esclarecimento*.

[7] Este é um tema de investigação que tenciono desenvolver num futuro próximo.
[8] Segundo Bronner, *a Dialética do Esclarecimento* nasceu da certeza de que "o capitalismo exige ser interrogado" [2011: 53].

Capítulo 1

O cenário: *A dialética do Iluminismo* na literatura académica contemporânea
literatura académica contemporânea

Embora a *Dialética do Iluminismo* mantenha o seu prestígio como "talvez o maior encontro crítico com a modernidade empreendido pela esquerda" [Bronner, 2011: 51] e como um verdadeiro "poderoso manifesto" [Roberts, 2004: 72], o estatuto da *Dialética do Iluminismo* como obra de ***teoria social*** relevante não está assegurado.

Honneth sobre o clima atual: uma obra dividida entre Spengler e Beckett[9]

Para Honneth, a literatura crítica em torno da *Dialética do Iluminismo* aponta a obra em duas direcções divergentes; um movimento sustentado em qualquer uma delas arrancaria a obra do cânone da filosofia social. Enquanto parte da literatura argumenta que *a Dialética do Iluminismo* é "politicamente perigosa" [Honneth, 2000: 117] devido à "ausência de uma base imanente [...] [para] a sua crítica" [Ibid. [O outro campo argumenta que os principais méritos da obra são as suas qualidades estéticas e que, consequentemente, a *Dialética do Esclarecimento* deve ser lida principalmente como uma "obra de arte poética" [Ibid.]. Em *A Possibilidade de uma Crítica Reveladora da Sociedade,* Honneth escreve:

"... nessas tendências opostas, emerge uma mesma convicção...

[9] Este ponto de vista é explicitamente defendido por Honneth [2000: 117].

para expulsar *a dialética do Iluminismo* do domínio da crítica social da crítica social filosoficamente séria - no primeiro caso pela da crítica social filosoficamente séria - no primeiro caso por meio da vilipendiação política, no segundo caso por meio da estetização [sic]. estetização [sic]. Se a primeira estratégia de receção consiste na assimilação a assimilação da crítica cultural conservadora e da teoria social crítica ... à negação da diferença entre Oswald Spengler e Adorno - enquanto a segunda equivale a uma assimilação da teoria social crítica e da arte que revela o mundo... a arte que revela o mundo ... à negação da diferença entre Samuel Spengler e Adorno. Beckett e Adorno". [Ibid.]

A acusação de que *a dialética do Iluminismo* se envolve numa "forma perigosa de ... crítica" [Ibid.] radica na crença de que a crítica guiada por noções "externas" de valor [Ibid.[10]A difusão desta sensibilidade está a levar a "um aumento do número daqueles que vêem a *dialética do Iluminismo* como uma forma perigosa de crítica apocalíptica da sociedade" [Ibid]. [11][12]Michael Walzer e Richard Rorty são ambos apresentados por Honneth como representantes eminentes da grande igreja de pensadores contemporâneos que desconfiam da crítica transcendental. Habermas (1987) é citado como um dos primeiros representantes desta escola de pensamento aplicada às leituras da *Dialética do Esclarecimento* [Honneth, 2000: 117-8].

A ideia de que *a Dialética do Iluminismo* deve ser lida "na sua

[10] Embora a receção inicial da obra não tenha sido notável, na década de 1960 ela tornou-se extremamente popular e cópias piratas circularam nos campus universitários. Honneth considera que o início da "vilificação política" [Honneth, 2000: 117] da *Dialética do Iluminismo* pode ser observado logo em Habermas (1987).
[11] Ver Michael Walzer (1987) *Interpretation and Social Criticism.*
[12] Ver Richard Rorty (1989) *Contingency, irony and solidarity.*

totalidade como uma obra de arte poética" [Honneth, 2000: 117] é defendida por Van den Brink (1997) e questionada por Duttman (2007) enquanto linha de investigação. A posição de Van den Brink é motivada pela preponderância do exagero na *Dialética do Iluminismo.* Van den Brink escreve que o exagero é tanto um "dispositivo retórico" para Adorno e Horkheimer [Van den Brink, 1997: 56] mas também, crucialmente, a ferramenta preferida do autor para articular o que é "essencial" [Van den Brink, 1997: 56]; "tornando [o leitor] sensível" [Van Den Brink, 1997: 55] à sua mensagem. [13]Para Van den Brink, o uso "emancipatório" e "intransigente" do exagero parece ser parte integrante da transmissão da mensagem de Adorno e Horkheimer, de tal modo que considera que *a Dialética do Esclarecimento* transcendeu as "funções lógicas" [Ibid.] que são parte integrante da "metodologia da filosofia social" . [14]Mas, como argumenta Duttmann, "Van den Brink não elucida a relação entre o lógico e o psicológico" [Duttmann, 2007: 151], o que prejudica seriamente a posição de Van den Brink. Apesar da falta de precisão na argumentação de Van den Brink, Honneth tem certamente razão em dizer que ele é representante de um movimento de estetização da *Dialética do Iluminismo* que não pode ser ignorado. O que é claro em Van den Brink, ao contrário de Von Reijen, é que esta estetização não é simplesmente "sinónimo de uma crítica" [Von Reijen, 1988: 418] de uma subespécie diferente de filosofia social. Pelo contrário, para Van den Brink, a crítica adoptada pela *Dialética do Esclarecimento* é qualitativamente distinta do tipo de crítica que se encontra no território da filosofia social. Como Honneth argumenta, isto caracteriza a tendência para considerar a *Dialética do Iluminismo* como uma "arte que

---

[13] A natureza exacta desta metodologia, que é naturalmente pouco clara, nunca é especificada.
[14] A razão exacta pela qual o exagero não pode ser utilizado na formulação de afirmações lógicas nunca é explorada; é aparentemente considerada como uma certeza a priori.

revela o mundo" [Honneth, 2000: 117].

Embora Honneth (2000) espere ter atenuado as diferenças acima mencionadas sobre a *dialética do Iluminismo* com a sua noção de "*dialética do Iluminismo", o facto é que a dialética do Iluminismo* é uma questão atual.
Como autor de uma "espécie de crítica reveladora do mundo" [15][16]não há nada explicitamente relevante para repudiar os três ataques seguintes ao conteúdo mais substantivo da *Dialética do Esclarecimento*. É em resposta às três afirmações seguintes, predominantes na literatura académica, que apresento a minha leitura do diagnóstico da patologia social na *Dialética do Esclarecimento.*

a) *A dialética do Iluminismo* como crítica totalizante injustificada da modernidade

Um tema recorrente nas leituras contemporâneas da *Dialética do Iluminismo* é a ideia de que a obra apresenta uma crítica totalizante injustificável da modernidade. Em graus variados, esta posição encontra-se em Yack (1997), Habermas e Levin (1982), Bronner (2011), Herf (2012) e Van Reijen (1988). Esta crítica é perfeitamente compreensível. A argumentação e a sintaxe adoptadas na *Dialética do Esclarecimento* estão carregadas de superlativos, imagens titânicas e afirmações infundadas. A medida em que a *Dialética do Esclarecimento* apresenta uma crítica totalizante da modernidade é facilmente demonstrada se a contrastarmos com um artigo individual de

[15] Não tenho aqui espaço para expor a conceção de Honneth da "crítica reveladora do mundo"; ver Honneth, [2000: 120-124].
[16] Claro que isso só é possível se aceitarmos o argumento de Honneth. Para Bronner (2011), por exemplo, esses movimentos opostos ainda são muito compreensíveis.

Horkheimer (1993), *A Razão Contra Si Própria,* que apresenta um argumento semelhante ao do primeiro capítulo da *Dialética do Esclarecimento:* O Conceito de Esclarecimento. O contraste na escolha do vocabulário adotado é inegável; Horkheimer fala, na sua peça a solo, do "colapso de *uma grande parte dos* fundamentos intelectuais da nossa sociedade[11]." [Horkheimer, 1993: 79 - itálico meu], da "tendência" para a destruição [Ibid.], do "potencial" [Horkheimer, 1993: 81] para a alienação. Compare-se isto com o estilo da *Dialética do Esclarecimento*, onde o leitor é informado de que: a justiça *"está* subsumida no direito" [Adorno e Horkheimer, 1997: 16 - itálico meu], incondicional, *totalizante;* leia-se que "a maldição do progresso irresistível *é a* regressão irresistível" [Adorno e Horkheimer, 1997: 36 - itálico meu], que "a capacidade de representação *é* o veículo do progresso e da regressão" [Adorno e Horkheimer, 1997: 35 - itálico meu]. Veja-se o excurso "Ulisses ou Mito e Iluminismo" na sua hipérbole sem paralelo; uma afirmação alegórica de que "a humanidade, cuja versatilidade e conhecimento se diferenciam com a divisão do trabalho, é ao mesmo tempo forçada a regressar a estádios antropologicamente mais primitivos, porque com a facilitação técnica da vida, a persistência da dominação leva a uma fixação dos instintos por meio de uma repressão mais pesada" [Adorno e Horkheimer, 1997: 35]. **Para Adorno e Horkheimer, a marcha da modernidade corrompeu *tudo* no seu caminho.** O que resta do homem depois de a modernidade ter "feito o seu trabalho não é mais do que uma concha vazia" [Roberts, 2004: 63].

Com a evidência de uma crítica totalizante a transbordar das páginas, não é surpreendente que os comentadores se tenham fixado na questão. De acordo com Yack, a *Dialética do Iluminismo* ilustra a fraqueza de certas "teorias modernas [...]. [para] cair no exagero

encorajado pela tendência para tratar a modernidade como um todo coerente e integrado" [Yack, 1997: 112]. Nas suas conclusões, Yack afirma que "a história moderna não termina em Auschwitz. Alguns caminhos da modernidade conduzem até lá, ou até Hiroshima ou Chernobyl. A maioria não" [Yack, 1997: 125]. Van Reijen pode ser lido como ecoando a preocupação de que, através da sua crítica totalizante, a *Dialética do Iluminismo* nega qualquer possibilidade de que "a modernidade possa recorrer ao seu próprio poder-potencial para quebrar o feitiço do pensamento instrumental" [Von Reijen, 1988, p. 411]. Para Van Reijen, a solução reside na leitura de
[17]*A dialética do Iluminismo* como alegoria: "com o questionamento do significado da totalidade", há necessidade de "representações alegóricas" [Van Reijen, 1988: 409]. Embora Von Reijen reconheça a necessidade de uma crítica totalizante, também afirma implicitamente que *a Dialética do Iluminismo* continua a ser totalizante.

Para Herf, as "ligações causais" em grande parte da crítica da modernidade na *Dialética do Iluminismo* estão simplesmente "ausentes" [Herf, 2012: 86] porque o livro considerou erradamente a modernidade como, mais ou menos, um todo homogéneo. Bronner argumenta que a "falsa concretude" [Bronner, 2011: 61] da *Dialética do Iluminismo* se deve ao facto de que "os seus autores [sic] se recusaram a lidar com o Iluminismo em termos da sua influência nas instituições políticas, movimentos e ideais. Em vez disso, identificaram-nos com uma única forma de racionalidade que depois interrogaram em termos de uma única narrativa antropológica" [Bronner, 2011: 58]. A visão académica dominante é que, nos termos de Habermas, a *Dialética do Iluminismo*, na sua crítica da modernidade, é "totalizante [sic]", "incompleta e

[17] Ver Von Reijen (1988).

unilateral" [Habermas e Levin, 1982: 18].

b) *A dialética do Iluminismo*, uma obra marcada pela a-historicidade

[18]Em *Traditional and Critical Theory* (1937), Horkheimer apresentou um esquema e uma teleologia para a 'teoria crítica'. Ele atacou os "académicos" da teoria tradicional por operarem em vácuos cartesianos: por serem alheios à natureza historicamente enraizada da sua teorização [Horkheimer, 1975: 196]. A teoria crítica, por outro lado, tinha de ser historicamente enraizada, *tanto* pela consciência do seu nascimento no seio da ideologia como, em segundo lugar, por ser uma teoria concebida para mudar a história, para funcionar como uma força progressista por direito próprio. Interdisciplinar, reflexiva e explicitamente consciente da sua natureza historicamente situada, a teoria crítica, tal como articulada pelo primeiro Horkheimer, tem uma certa obsessão com o *chronos*. A segunda crítica dominante à *Dialética do Esclarecimento* argumenta que a obra abandonou completamente a sua génese na escola da Teoria Crítica: a *Dialética do Esclarecimento* **é vista como injustamente a-histórica, corrompida em certa medida pela viragem de Adorno para um "negativismo histórico-filosófico" [Honneth, 1994: 265].**

Esta crítica é representada por Herf (2012), que argumenta que *a Dialética do Iluminismo* conseguiu "negligenciar a especificidade da tomada de decisão humana" [Herf, 2012: 85], e não conseguiu produzir "a mais pequena menção à Segunda Guerra Mundial" [Herf, 2012: 87]. Herf considera que a incapacidade de considerar a contingência ou a

[18] Igualmente relevante é o discurso inaugural de Horkheimer (1931) como presidente do Instituto de Investigação Social, intitulado "A situação atual da filosofia social e as tarefas de um Instituto de Investigação Social".

agência é tão notável na *Dialética do Iluminismo* como na Defesa de Speer em Nuremberga [Herf, 2012: 85]. No que diz respeito à consciência explícita da teoria crítica sobre a importância da ideologia, Herf argumenta que é absurdo que Adorno e Horkheimer, ao considerarem a *Shoah*, "não tenham afirmado o facto óbvio de que [...] os nazis se basearam em séculos de ódio aos judeus enraizado na [teologia] cristã. " [Herf, 2012: 86]. Para além disso, Herf afirma que "a vitória dos Aliados em 1945 não teve qualquer impacto na sua teoria da modernidade" [Herf, 2012: 87]; o que parece igualmente notável. Este facto é tanto mais curioso se recordarmos a afirmação estridente feita no prefácio do livro de que os autores consideram que "o coração da verdade é histórico" [Adorno e Horkheimer, 1997: ix].

A Dialética do Iluminismo, enquanto obra de teoria académica, tem uma outra dimensão a-histórica, menos discutida, na medida em que não consegue

Ambos os intelectuais interagem com concepções concorrentes da modernidade defendidas por outros intelectuais. [19]Herf comenta que Adorno e Horkheimer "devem ter discutido estas questões com Thomas Mann" [Herf, 2012: 87], mas estas interações não têm lugar em *A Dialética do Esclarecimento.*

Bronner comenta que, na sua a-historicidade, a *Dialética do Iluminismo* não se apercebe disso:

"O fascismo europeu *não é* o produto de uma dialética filosófica pré-

[19] Para um excelente resumo dos pontos de vista de Mann sobre o Iluminismo, ver Vasillopulos (2012) "Thomas Mann and the German Critique of Enlightenment", Atilim Sosyal Bilimler Dergisi 2 (2), pp. 7-19.

fabricada.

O fascismo europeu não é o produto de uma dialética filosófica pré-fabricada, mas sim a resposta ideológica autoconsciente

ao liberalismo e à social-democracia. Em todo o lado, a sua base de massas encontrava-se

em todo o lado, a sua base de massas encontrava-se nas classes pré-capitalistas - o campesinato, as classes baixas e a pequena burguesia - cuja

a pequena burguesia - cujos interesses existenciais e materiais pareciam ameaçados pelo processo de produção capitalista.

ameaçados pelo processo de produção capitalista e pelas suas duas classes dominantes: a burguesia e o proletariado.

a burguesia e o proletariado. As classes identificadas com a modernidade

As classes identificadas com a modernidade da modernidade apoiam mais frequentemente partidos políticos que adoptam uma forma continental de liberalismo ou o proletariado.

O proletariado é uma forma continental de liberalismo ou um partido social-democrata que ainda abraça formalmente o liberalismo.

O marxismo ortodoxo e o seu rival comunista".

[Bronner, 2011: 60]

[20]Yack tenta compreender esta a-historicidade argumentando que a "tendência para tratar a catástrofe como um resultado necessário do projeto moderno" [Yack, 1997: 125] é contrabalançada pela "tese da perversidade" que está no cerne do argumento da *Dialética do Iluminismo*. O "poder retórico" e a natureza da tese da perversidade

---

[20] Ver Albert Hirschman (1991) *The Rhetoric of Reaction: Perversity, Futility, Jeopardy*, Cambridge, MA, Harvard University Press.

"baixam os padrões de prova" [Yack, 1997: 128] na mente do leitor crítico. Grande parte da literatura sobre a *Dialética do Iluminismo* argumenta que a sua a-historicidade lança "conflitos históricos reais" à deriva [Bronner, 2011: 60] e não consegue compreender a barbárie contra a qual se insurge.

c) *A dialética do Iluminismo* é, portanto, pouco mais do que uma "metafísica".

Se aceitarmos a força das duas críticas anteriores, o que resta da *Dialética do Iluminismo* como obra de filosofia social? Não há uma consciência sustentada do contingente, do particular: a corrupção do Iluminismo estava predeterminada. A brutalidade do regime nazi, a intensidade e o timbre das particularidades da "nova forma de barbárie" [Adorno e Horkheimer, 1997: xi] que os autores procuraram explicar são incidentais, uma mera questão de registo histórico. Na sua análise a-histórica, o contingente é apenas uma evidência de contestação, ou uma exceção à regra pré-articulada. Paradoxalmente, é precisamente a dominação epistemológica do particular que os autores se propõem condenar. A totalização da sua crítica não deixa espaço para uma praxis progressista. A "infatigável autodestruição do Iluminismo" [Adorno e Horkheimer, 1997: xi] abarca tudo e é, em última análise, soberana de toda a ação no mundo da vida. A partir desta leitura, podemos compreender por que razão os comentadores afirmaram que tudo o que a *Dialética do Iluminismo* oferece é um "nevoeiro metafísico" [Bronner, 2011: 60]. Detalhes particulares são de importância incidental, comparados com uma meta-narrativa antropológica titânica, com noções nebulosas de progresso e barbárie intercaladas. *A Dialética do*

Iluminismo, argumenta Bronner, sofre com o enorme "investimento intelectual dos autores na negação" [Bronner, 2011: 62]; um envolvimento que tornou a *magnum opus* de Adorno e Horkheimer vaporosa, porque
"Assim, para críticos como Bronner, tudo o que resta é uma crítica nebulosa e obscura, incomensuravelmente afastada do *hic et nunc* do mundo da vida.

Um resumo

É neste contexto que o meu artigo apresenta agora a rubrica para o diagnóstico da patologia social. Embora Honneth (2000) tenha respondido, e mais ou menos melhorado, as críticas à *Dialética do Esclarecimento* que decorrem da distância crítica adoptada pela obra, três críticas coerentes e de peso à *Dialética do Esclarecimento* permanecem incontestadas. **A tese central deste artigo é a de que, uma vez lida a *Dialética do Esclarecimento* como uma obra que revela que uma "forma de vida" é patológica, a utilidade da obra como uma peça integral de filosofia social torna-se evidente e as críticas relativas a) à totalização, b) à a-historicidade e, portanto, a ser pouco mais do que, c) à metafísica "nebulosa" e não fundamentada, são substancialmente desafiadas.**

Capítulo 2

A ideia de um diagnóstico de patologia social

Introduzir o diagnóstico da patologia social como uma forma de filosofia social

Apresento o diagnóstico da patologia social a partir de três ângulos. Depois de desenvolver uma definição provisória, traço a história e o desenvolvimento do campo (recorrendo tanto a Neuhouser como a Honneth) e distingo entre o diagnóstico agregador e estrutural da patologia social. Explico como existem esquemas divergentes para diagnosticar a patologia social, antes de propor uma forma de diferenciar os modelos mais eficazes para análise. Isto leva o artigo a considerar leituras concorrentes de Rousseau como um patologista social, como uma comparação instrutiva para uma leitura da *Dialética do Iluminismo* como um texto a ser lido como um diagnóstico de uma forma de vida "doentia".

Para uma definição provisória

[21]O diagnóstico de patologia social é um subcampo da filosofia social que defende que uma política está "doente" ou "disfuncional" quando a sua estrutura social é incomensurável com, ou funciona para retardar, o "florescimento" dos seus agentes constituintes. Uma sociedade que reproduza tais condições pode ser considerada como oferecendo uma "forma de vida" que é insuficiente para o verdadeiro

[21] Por uma questão de simplicidade, o presente documento utiliza indistintamente os termos "realização", "funcionamento ótimo" e "vida boa".

florescimento humano. O objeto desta crítica é, portanto, uma "forma de vida" abstrata vivida pelos actores sociais, e não as especificidades dessas existências. O diagnóstico da patologia social opõe-se claramente à filosofia social e política liberal tradicional na proximidade que coloca entre a ética e a política normativa: existe uma relação de proximidade entre a análise da forma como a sociedade está, e deve estar, organizada, e o que constitui uma existência saudável, significativa e "florescente". Os objectivos de um estudo de diagnóstico da patologia social são qualitativamente distintos dos objectivos pretendidos por um estudo realizado no quadro do imaginário liberal. Enquanto a filosofia social e política liberal tem como objetivo articular uma espécie ou uma ou mais instâncias de injustiça, o diagnóstico da patologia social procura "uma crítica não só da injustiça social, mas de toda uma forma de vida" [Honneth, 2007: 7]. O objetivo do diagnóstico da patologia social, enquanto campo de investigação filosófica, é, portanto, examinar se um mundo de vida social "preserva as condições práticas em que os seres humanos poderiam levar uma vida boa e bem vivida" [Honneth, 2007: 5].

A história e o desenvolvimento do diagnóstico das patologias sociais

Honneth discute a evolução do diagnóstico das patologias sociais em dois artigos: *The Diseases of Society* (2014) e *Pathologies of the Social* (2007). [22]Na análise de Honneth, é feita uma distinção útil entre os pensadores que adoptam conscientemente uma crítica diagnóstica da

[22] Neuhouser observa que, no *Segundo Discurso*, Rousseau utiliza termos como "degenerado", "depravado", "desordenado" e "corrupto" com mais frequência do que "doente" ou "patológico" [Neuhouser, 2014a: 1], mas os dois campos semânticos funcionam para produzir uma espécie idêntica de crítica, baseada numa conceção de funcionamento social deficiente que impede os agentes sociais de alcançarem a vida boa.

patologia social (Freud e Mitscherlich e, mais tarde, o próprio Honneth) e aqueles que, como Rousseau, empregam essa metodologia a um nível funcional, sem utilizar sistematicamente o léxico do diagnóstico da patologia. Em *As Doenças da Sociedade,* Honneth examina o desenvolvimento da forma de patologia apresentada pelo primeiro grupo de teóricos, aqueles *que utilizam conscientemente a metodologia e a linguagem da doença social.* Freud e Mitscherlich são apresentados como tais pensadores; ambos examinaram a saúde mental dos seus pacientes, ambos examinaram a sociedade. Ambos estabeleceram uma ligação simplista entre a saúde dos seus pacientes e a saúde da sociedade: *aparentemente, a sociedade tornava as pessoas doentes, pelo que se poderia dizer que a própria sociedade estava doente.* A análise de Freud é amplamente conhecida; resume-se à existência de estruturas sociais que perpetuam uma repressão nociva (a sociedade não é saudável), que cria neurose e ansiedade nos agentes sociais (os agentes sociais não são saudáveis). Mitscherlich pode ser lido como eco de uma forma de funcionalismo parsoniano e vai além de Freud para produzir uma inclusão mais graduada de 'processos sociais no [seu] ... diagnóstico' [Honneth, 2000: 686]. O argumento de Mitscherlich era que havia *perturbações psicológicas sem forma* nas "constelações psíquicas" [Honneth, 2000: 687] porque havia "algum tipo de deficiência no processo de integração do indivíduo na sociedade" [Ibid]. Para Mitscherlich, a sociedade estava doente e estava a tornar os seus membros doentes mentais, porque havia um defeito grave na "junção subtil da individuação e da integração social" [Honneth, 2000: 690]. O argumento de Mitscherlich culmina com a articulação de um continuum: demasiada pressão para agir como agente social, e o sujeito torna-se patológico; poucos laços com a sociedade (semelhante à relação anómica durkheimiana), e o sujeito torna-se novamente patológico em .

Honneth leva o conceito de patologia para além destes limites.

Uma "doença", uma incapacidade de atingir um funcionamento ótimo, pode existir entre os agentes sociais sem ser medicalizada, à maneira da alienação de Rousseau [Honneth, 2000: 691]. Continuando brevemente com o tema rousseauísta, a pressão exercida sobre o sujeito para satisfazer a sua exigência de *amor-próprio* pode induzir um torpor, uma apatia que não é de modo algum uma condição "médica". A proliferação do *tédio* ou da alienação pode paralisar o bem-estar dos agentes sociais, ficando aquém do estado geral de saúde: o sujeito permaneceria "saudável" na linguagem médica ortodoxa, enquanto a sociedade, com os seus defeitos estruturais, teria de ser diagnosticada como "doente" pelo filósofo social. Honneth faz aqui uma observação simples: *uma ansiedade ou um tédio preponderantes, embora não sejam clínicos em si mesmos, significam sempre um estado patológico, na medida em que precipitam um declínio no funcionamento ótimo dos agentes sociais.* Esta abordagem foi desenvolvida e simplificada: nos escritos de Neuhouser (2014a e 2014b) sobre patologia social, vemos um entendimento da sociedade como patológica quando impede a capacidade dos actores sociais de atingirem os seus objectivos desejados, tipicamente consubstanciados no desejo de uma "vida feliz ou florescente" [Neuhouser, 2014a: 1]. Vale a pena citar Neuhouser longamente sobre o que ele quer dizer com 'patologia social'.

"Uma resposta está na ideia de uma prática social que sistematicamente frustra os seus próprios objectivos ou outros objectivos colectivos daqueles que a apoiam. sistematicamente frustra os seus próprios objectivos ou outros objectivos colectivos daqueles que a apoiam.
que a apoiam. Isto sugere que uma conceção de patologia social dependerá do seguinte atribuição de objectivos, incluindo objectivos colectivos, a práticas e instituições sociais, e que a patologia social

ocorre o funcionamento normal destas práticas e instituições não acidentalmente os seus próprios objectivos ou outros objectivos fundamentais da sociedade em questão. questão".
[Neuhouser, 2014a: 3]

A conceção de Neuhouser é, portanto, eticamente neutra, o teórico pode inserir um quadro ético exigido com base em qualquer critério, e completar uma análise para ver se a sociedade não permite que tal vida seja vivida. Assim, enquanto o diagnóstico da patologia social como um campo coloca a ética e a política normativa numa relação próxima, Neuhouser demonstra como esta pode ser comensurável com a meta-ética.

Quando consideramos o cânone de filósofos que apresentaram diagnósticos da sociedade como impedindo o funcionamento primário dos agentes sociais, sem usar explicitamente a terminologia do diagnóstico de patologia, vemos uma ampla igreja de mentes. [23]Enquanto Rousseau é referido como o pai da patologia social por Honneth, o primeiro a "formular uma crítica não só da injustiça social, mas de toda uma forma de vida" [Honneth, 2007: 6-7], Neuhouser argumenta que *a República* de Platão é a primeira obra a falar da sociedade como um mal-estar [Neuhouser, 2014a: 1]. Pensadores tão diversos como Hegel, Nietzsche, Marx, Lukacs, Plessner e Spengler foram todos considerados "patologistas sociais" na medida em que as suas análises procuram articular o modo como a organização social atrasa a realização da vida boa. À luz da diversidade de teóricos que podem ser considerados "patologistas sociais", torna-se imediatamente

[23] Por exemplo, no início da discussão de Platão sobre a justiça em *A República*, é feita uma distinção entre a polis saudável e a "polis febril" [Platão, 1992: 369].

claro que o conteúdo de um diagnóstico de patologia social pode ser extremamente variado: das patologias do reconhecimento às patologias economicamente centradas, das patologias da repressão libidinal à "patologia espiritual do presente" [Honneth, 2007: 17] apresentada por Nietzsche. O diagnóstico de uma patologia social articula assim o modo como o fator X da organização ou estruturação da sociedade (seja ele qualquer componente estrutural da sociedade) impede o funcionamento primário dos agentes dessa sociedade.

Patologia estrutural e agregativa

Fazendo eco de Neuhouser (2014b), considero necessário distinguir entre duas espécies de patologia social: *a agregativa* e a *estrutural.* É apenas esta última, a *patologia estrutural*, que este artigo defende como paradigma de análise. Uma conceção agregadora da patologia social sustenta que, quando uma certa percentagem do corpo político apresenta tendências patológicas, é a própria sociedade que está doente. Por exemplo, pode haver uma epidemia maciça de tuberculose ou de toxicodependência: a partir desta posição, podemos dizer que a própria sociedade está doente. Neuhouser comenta,

"Tais concepções permitem-nos ver como as sociedades podem tornar os indivíduos doentes, *mas não como as próprias sociedades podem ser consideradas doentes...*

As concepções agregadas de patologia social partem implicitamente de uma certa noção do que é a saúde de um indivíduo e depois pretendem encontrar soluções para esses problemas.

As concepções agregadas de patologia social partem implicitamente de uma certa noção do que é a saúde de um indivíduo e depois pretendem encontrar soluções para esses problemas.

a saúde dos seus membros".
[Neuhouser, 2014b: 7 - itálico meu]

Isto é insuficiente, porque não permite ao teórico explorar o modo como *a própria sociedade* está doente. Ao contrário da visão puramente agregadora, um diagnóstico satisfatório de patologia deve centrar-se "na estrutura e nas funções essenciais da sociedade" [Ibid]. Ao contrário da visão agregadora, as patologias estruturais centram-se "na forma como a sociedade, na sua estrutura básica, está distorcida ou desequilibrada (...) na forma como as suas funções essenciais estão perturbadas, prejudicadas ou de alguma forma 'desfasadas' umas das outras" [Ibid]. Neuhouser oferece um cenário para demonstrar a distinção: "uma elevada taxa de alcoolismo é um sintoma de patologia social"

[Neuhouser, 2014b: 8], e não o núcleo da patologia em si, *ao contrário do* que uma visão agregadora argumentaria. Em vez disso, o modelo estrutural argumentaria que "a doença, por assim dizer, reside numa deficiência estrutural ou funcional mais profunda na sociedade que explica a elevada incidência de alcoolismo no local e talvez a ligue a outros males sociais que são efeitos da mesma patologia" [Ibid].

Ajuizar entre padrões divergentes de diagnóstico patológico

Defendo que a caraterística essencial de um diagnóstico eficaz é a capacidade de distinguir o sintoma da patologia subjacente de uma forma precisa e causal. Sublinhar a distinção entre "sintoma", "patologia" e estase subjacente deve ser central para qualquer leitura de um texto como diagnóstico de uma patologia social. Temos de procurar identificar a(s) doença(s) subjacente(s) e a forma como o teórico argumenta que estão ligadas e/ou expostas por fenómenos observáveis: o(s) sintoma(s). A forma precisa como estes fenómenos são revelados pode ser feita de diferentes maneiras. Honneth e Neuhouser propõem ambos métodos diferentes para articular textos como diagnósticos de patologia social. As distinções entre as suas abordagens podem ser vistas comparando as suas leituras do *Discurso sobre as Origens da Desigualdade de* Rousseau. Para determinar os méritos destas duas abordagens e o que a minha leitura da *Dialética do Iluminismo* deve absorver das estruturas utilizadas por estes teóricos, prestarei especial atenção à estrutura de "sintoma" e "patologia" nas suas análises.

Capítulo 3

O patologista social original: aprender com a leitura Rousseau

Porquê olhar para Rousseau?

Para reconhecer a forma como comentadores anteriores leram os textos canónicos da filosofia social como diagnósticos de patologia social, para ver a variedade de males sociais que foram diagnosticados, para expor as várias práticas de diagnóstico e para explorar os esquemas divergentes que estes comentadores utilizaram, irei agora comparar e contrastar leituras do diagnóstico de patologia de Rousseau. Ao fazê-lo, desenvolvo um esquema patológico que é particularmente útil para a leitura da *Dialética do Esclarecimento:* o modelo "hibridizado" do diagnóstico da patologia social. Hibridizado" porque se baseia em dois estilos distintos de leitura de textos como diagnósticos patológicos, o de Honneth e o de Neuhouser. A escolha de Rousseau como modelo de análise deve-se ao facto de as suas obras serem facilmente acessíveis e terem sido amplamente discutidas. [24]Além disso, *a obra de* Rousseau está idealmente delineada para o objetivo de o ler como patologista social; o *Discurso sobre a desigualdade* (1755) é amplamente lido como uma articulação do "diagnóstico" de Rousseau, enquanto *o Contrato social* (1762) e o *Emile* (1762) são amplamente lidos como a articulação da "cura" de Rousseau.[25]

Examinarei agora as leituras divergentes de Honneth e Neuhouser

[24] Wokler (2001) explicita este facto em *Rousseau: A Very Short Introduction.*
[25] Um excelente exemplo desta abordagem é o artigo de Frederick Neuhouser (1993) intitulado "Liberdade, dependência e vontade geral".

de Rousseau como patologista social. As suas análises diferem tanto nas espécies de doenças sociais que identificam no diagnóstico de Rousseau, como na representação que fazem da forma como essas doenças estão inter-relacionadas. **As suas leituras do diagnóstico patológico de Rousseau são totalmente divergentes.**

Rousseau como patologista social: a leitura honethiana

Em *Pathologies of the Social* (2007), Honneth apresenta o seu esquema analítico para a leitura de Rousseau como patologista social como a identificação de numerosos sintomas que são todos indicativos de uma única deficiência fundamental, ou doença. **Em última análise, existe apenas um paciente, uma doença hierarquicamente causal.** Para Honneth, a "rutura da relação monológica com o eu" [Honneth, 2007: 8], e a ascensão precipitada do *Amour-Propre*, é o diagnóstico causalmente anterior, hierarquicamente dominante, acima e para além do resto da análise de Rousseau. Todas as outras proposições de Rousseau são articulações de "sintomas" causados por uma única doença: o fracasso das relações de reconhecimento causado pelos remoinhos descontrolados do orgulho. A dependência desestruturada e a alienação descritas por Rousseau são vistas como *sintomas* do problema central: o surgimento do *amor-próprio*.

Na leitura que Honneth faz de Rousseau, o "mal" devastador que existe na forma de vida moderna é esta ascensão do *Amor Limpo.* Antes da chegada do orgulho ardente, "[os homens e as mulheres] não se deixavam distrair por qualquer orientação performativa e viviam as suas vidas na calma certeza de querer apenas o que as suas necessidades naturais recomendavam" [Honneth, 2007: 8]. A quebra da relação monológica consigo próprio destruiu o equilíbrio que existia anteriormente entre duas forças opostas da natureza humana, *o Amor-próprio* e *a Piedade.* Entre a necessidade de auto-preservação e o instinto humano natural de compaixão, o conflito foi minimizado, e a fuga sobrepôs-se ao combate. A "virtude original da compaixão [foi] gradualmente corroída" [Honneth, 2007: 10], e o equilíbrio natural perturbado, por esta mudança revolucionária nas relações de reconhecimento. Na "luta ansiosa" [Honneth, 2007: 9] de uma sociedade movida por agentes em busca do *amor-próprio,* o homem liga-se a novas "necessidades" incomensuráveis com a liberdade. Para adquirir tal prestígio, os agentes sociais vêem-se presos num ciclo de falsas necessidades e de dependência desestruturada. Assim, para Honneth, todo o carácter patológico da sociedade apresentado por Rousseau assenta na ascensão do *amor-próprio.* A leitura de Honneth pode ser resumida da seguinte forma;

"A luta pelo prestígio que resulta da rutura da relação monológica consigo mesmo conduz necessariamente à desigualdade social.
A luta pelo prestígio que resulta da rutura da relação monológica consigo mesmo conduz necessariamente à desigualdade social, uma vez que a necessidade artificial de aumentar o prestígio - *o amor-próprio* - acompanhada pela compulsão de adquirir propriedade privada, o que abre caminho à formação de um grupo social.
que, por sua vez, abre caminho para a formação de classes sociais". [Ibid.]

O esquema de diagnóstico da patologia de Honethian pode ser representado da seguinte forma:

O fracasso das relações de reconhecimento [a doença social] -> dependência, conflito de classes e ansiedade [os sintomas].

= Uma única doença -> Produzindo múltiplos sintomas

Rousseau como patologista social: Ler Neuhouser

Em "Rousseau and the Idea of a 'Sick' Society" (2014) e "Rousseau: The Idea of Social Pathology" (2014), Neuhouser apresenta um esquema fundamentalmente diferente para ler Rousseau como um patologista social. Enquanto Honneth identificou uma "doença" hierarquicamente dominante, uma rutura nas relações de reconhecimento, que se manifesta em muitos sintomas, Neuhouser identifica muitas doenças, nenhuma das quais tem uma relação causal distinta com as outras. Repetindo: para Neuhouser, Rousseau pode ser lido como identificando muitas doenças, ilustradas pelos seus muitos sintomas. Neuhouser argumenta que, numa única passagem do *Discurso sobre a Economia Política,* podemos identificar nada menos do que "cinco maneiras pelas quais a sociedade retratada [...] poderia ser considerada 'doente'" [Neuhouser, 2014a: 6]. Neuhouser apresenta a seguinte passagem:

"Poderá chegar um momento em que os cidadãos, não se vendo mais como interessados na causa comum, deixem de ser os defensores do seu país, e em que os magistrados prefiram comandar mercenários em vez de homens livres, nem que seja para ... usar os primeiros para subjugar os segundos. Tal era o estado de Roma no final da República... pois todas as vitórias dos primeiros romanos... tinham sido conquistadas por cidadãos corajosos, prontos a derramar o seu sangue pela pátria

quando necessário, mas que nunca a tinham vendido. Marius foi o primeiro ... a desonrar as legiões, introduzindo ... mercenários. Os tiranos, que se tinham tornado inimigos do povo por cuja felicidade eram responsáveis, criaram exércitos permanentes, aparentemente para conter os estrangeiros, mas na realidade para oprimir a população local. A escassez de agricultores reduziu a qualidade dos produtos, e a manutenção dos exércitos introduziu impostos que aumentaram o preço. As primeiras desordens provocavam o descontentamento da população: para as suprimir, era necessário aumentar o número de tropas e, consequentemente, a miséria; e quanto mais o desespero aumentava, mais era necessário aumentar ainda mais para evitar as consequências. Por outro lado, estes mercenários, cujo valor era avaliado pelo preço a que se vendiam..., desprezando as leis... e os seus irmãos de quem comiam o pão, acreditavam que era mais honroso para eles serem capangas de César do que defensores de Roma, e... mantinham o punhal erguido sobre os seus concidadãos, prontos a cortar-lhes a garganta ao primeiro sinal".
[Rousseau, 1997: 28-29]

Neuhouser argumenta que uma análise atenta desta passagem traz à tona "diferentes exemplos de patologia social em Rousseau [...] que ajudam a destacar algumas caraterísticas gerais dos tipos de patologia que a sua teoria pretende iluminar" [Neuhouser, 2014a: 8]. Esta é uma articulação clara do esquema de leitura patológica de Neuhouser: existe uma "teoria", na qual se podem encontrar diferentes "tipos de patologia".

Que tipos de patologia identifica Neuhouser? [26]Neuhouser

[26] Neuhouser escreveu extensivamente sobre este assunto, e o seu *Rousseau's Theodicy of*

argumenta, como Honneth, que a "principal contribuição" de Rousseau para uma teoria da patologia social [Ibid] é o fracasso das relações de reconhecimento. Esta é a "patologia" mais grave que se pode encontrar nos escritos de Rousseau. No entanto, ao contrário de Honneth, Neuhouser identifica na passagem acima do *Discurso sobre a Economia Política* quatro outras doenças sociais distintas, **que não são induzidas pelo fracasso das relações de reconhecimento, mas são antes doenças distintas com genes distintos e únicos.** As quatro espécies adicionais de patologia são uma destrutiva "falta de unidade cívica" [Neuhouser, 2014a: 6], a colonização de uma esfera de atividade por outra [Neuhouser, 2014a: 7], a "incapacidade dos membros sociais de verem os seus dois tipos fundamentais de aspiração - como seres *naturais e materiais* e como agentes *livres* - satisfeitos de uma só vez" [Neuhouser, 2014a: 9], e a identificação de uma "dinâmica negativa auto-perpetuante que agrava uma má situação" e que, uma vez posta em marcha, "é extremamente difícil de quebrar" [Neuhouser, 2014a: 11].

a) A destrutiva "falta de unidade cívica

O argumento de Neuhouser é que a sociedade se encontra num estado patológico quando os interesses dos grupos sectoriais estão em constante conflito. A tomada de consciência deste status quo precipita a corrosão da solidariedade social.

Esta posição pode ser lida em passagens como:

"Os magistrados estão interessados em subjugar os cidadãos, enquanto

---

Self-Love: Evil, Rationality, and the Drive for Recognition (2010) é um livro que questiona a conceção de Rousseau sobre o *amor-próprio* e as relações falhadas de reconhecimento.

estes estão interessados em saciar-se e evitar a subjugação.
Os magistrados estão interessados em subjugar os cidadãos, enquanto estes últimos estão interessados em saciar-se e evitar a subjugação". [Rousseau, 1997: 28].

Neuhouser desenvolve este ponto da seguinte forma:

"A unidade cívica é importante para Rousseau. O problema não é apenas o facto de os cidadãos sofrerem a subjugação injusta dos seus governantes. de patologia social, é o facto de **haver um rasgão no tecido social tecido social tecido social tecido social que impossibilita uma vida comunitária saudável...".**
[Neuhouser, 2014a: 6 - ênfase minha].

Uma sociedade com interesses sistémicos opostos não é "saudável", porque só pode ser mantida a um nível de coerção incomensurável com o florescimento dos agentes sociais.

b) A colonização de uma (ou mais) esfera(s) social(ais) pela lógica organizadora de outra(s).

Na passagem do *Discurso de Economia Política* acima referida, Neuhouser considera que "a introdução inapropriada do dinheiro nas relações sociais" [Neuhouser, 2014a: 7] é o próprio exemplo da colonização de uma esfera de atividade pelo *relato de* outra. A noção "de 'cidadãos de aluguer' implica quase sempre uma atitude puramente instrumental, tanto em relação aos seus colegas associados como à sua própria participação política" [Ibid]. Neuhouser considera que esta conceção da patologia social é de origem hegeliana:

"Hegel ... articula esta ideia de forma mais clara do que Rousseau quando divide a sociedade em três esferas semi-autónomas. Hegel ... articula esta ideia mais claramente do que Rousseau quando divide a sociedade em três esferas semi-autónomas, cada uma caracterizada por diferentes tipos de objectivos colectivos, diferentes tipos de laços sociais e diferentes métodos de organização [sic] da cooperação para atingir esses objectivos. realização de fins colectivos. A versão de Hegel deste ponto rousseauísta é que, *enquanto a organização [sic] das relações sociais em torno da troca de dinheiro é inteiramente apropriada na esfera económica, a organização dos laços familiares e políticos é incompatível com o sentido de participação num projeto coletivo que deve animar os membros da família e os cidadãos". membros da família e os cidadãos".*
(Ibid. - itálico meu).

A conceção de Neuhouser de uma doença social neste caso é que "uma sociedade está doente quando um princípio organizador [sic] apropriado a uma das suas esferas se desprende, por assim dizer, e se infiltra (ou "coloniza" [sic]) nas esferas vizinhas [sic] em seu detrimento" [Neuhouser, 2014a: 7-8].

c) A incapacidade dos agentes sociais de satisfazerem simultaneamente os seus dois tipos fundamentais de aspiração

Na passagem acima citada do *Discurso sobre a economia política*, Neuhouser argumenta que Rousseau apresenta a sociedade como patológica porque a necessidade de satisfazer os desejos animais se tornou incompatível com a realização da liberdade quase metafísica do homem. objetivo declarado do *Contrato Social* de Rousseau era "encontrar uma forma de associação que ... proteja as pessoas e os bens de cada associado ... [em que] cada um [...] permanece tão livre como antes" [Rousseau, 1964: 360]. Para Neuhouser, a sociedade apresentada no *Discurso de Economia Política* é patológica porque falhou no seu dever de preservar a liberdade individual, ao centrar-se exclusivamente na materialidade.

d) Uma dinâmica negativa que se auto-perpetua

Neuhouser argumenta que "em circunstâncias facilmente imagináveis, a desigualdade, a pobreza e a dissolução social produzidas em T1, virtualmente garantem que, mesmo que todas as trocas futuras sejam irrestritas e formalmente justas, estes males iniciais só serão piores em T2" [Neuhouser, 2014a: 11]. Uma tal situação pode ser vista como exibindo uma dinâmica negativa que se auto-perpetua. É também possível que, numa tal sociedade, estas "forças sociais [possam] escapar facilmente à consciência e ao controlo dos indivíduos a elas sujeitos" [Ibid]. Neuhouser considera que este tipo de patologia está presente no ciclo de medidas de segurança interna descrito no *Discurso de Economia Política:*

"Para levantar esses exércitos, os lavradores tinham de ser retirados da terra.
A qualidade dos produtos e a manutenção dos exércitos introduziam impostos que
a manutenção dos exércitos introduzia impostos que aumentavam o preço. Esta primeira desordem provocou o descontentamento do povo.
O descontentamento do povo: para o acalmar, foi necessário aumentar o

número de tropas. e, por sua vez, quanto mais a miséria e o desespero aumentavam, mais era necessário aumentar o número de tropas. aumentavam, mais era necessário aumentar o número de tropas para evitar as suas consequências". as suas consequências".
[Ibid.]

Esta dinâmica negativa que se auto-perpetua é, para Neuhouser, o tipo de "doença social" "mais convincentemente descrita ... [como] ... patologia" [Ibid]. [como] ... patologia" [Ibid]. [como uma] patologia" [Ibid].

Assim, no esquema de Neuhouser, podemos ver claramente a existência de múltiplas espécies de patologia social, todas de causalidade distinta. Enquanto a existência de relações de reconhecimento falhadas, no centro da leitura de Honneth, mantém o estatuto primordial de espécie mais devastadora de doença, as outras quatro espécies de doença social são vistas como um tipo de doença hierarquicamente igual.

O diagnóstico patológico de Neuhouser pode ser representado da seguinte forma:

Falta de unidade cívica
Colonização de uma esfera de atividade por outra Dinâmica negativa auto-sustentada Falta de relações de reconhecimento
Uma função da empresa que domina as outras

-> Todos responsáveis pelos sintomas que assolam a sociedade: fome em massa, governos ditatoriais, agentes loucos, etc.

= Doenças múltiplas -> Produzem sintomas múltiplos

O meu esquema híbrido

Proponho agora uma síntese entre os esquemas de Honneth e Neuhouser para a leitura de diagnósticos patológicos. Mostrei como a leitura de Honneth (2007) sugere que há apenas uma "doença" ilustrada por muitos sintomas, e como Neuhouser considera que há muitas "doenças", cada uma com uma causalidade distinta, cada uma ilustrada por sintomas distintos. **Em contraste com estas duas abordagens, considero que a forma mais correta de mapear a relação 'doença-sintoma' no que diz respeito à crítica de Rousseau é apresentar a existência de uma 'doença' primária hierárquica e causal, que produz 'doenças' de segundo nível, que são então apenas manifestadas por um conjunto disperso de sintomas**.

Pode ser representado da seguinte forma:

Uma função dominante da empresa
Múltiplas dependências não-estruturais
Dinâmica negativa e autoperpetuante Colonização de uma esfera por outra Falta de unidade cívica
Produz uma série de sintomas, incluindo

>>>> Um Estado repressivo >>>> Comerciantes caprichosos >>>>> Dependência crescente >>>> Predomínio das relações financeiras

Tal como Honneth, defendo que, para a análise de Rousseau, a ascensão destrutiva do *amor-próprio,* que precipitou a rutura do anterior equilíbrio entre *amor-próprio* e *piedade*, é uma primazia causal. Rousseau afirma a primazia causal do fracasso das relações de reconhecimento quase *ad verbatim* no *Discurso sobre a Desigualdade.*

"As pessoas adquiriram o hábito de se reunirem em frente das suas cabanas ou à volta de uma grande árvore.
O canto e a dança, verdadeiros frutos do amor e do lazer, tornaram-se o divertimento, ou melhor, a ocupação dos homens e das mulheres ociosos,
o divertimento, ou melhor, a ocupação dos homens e mulheres ociosos
homens e mulheres ociosos assim reunidos. Cada um começou a olhar para os outros e a querer ser olhado.
Queriam ser observados, e a estima do público tornou-se um prémio. Aquele que
o homem, a mulher, o homem, a mulher, o homem, a mulher, a mulher, a mulher, a mulher, a mulher, a mulher
o mais forte, o mais hábil ou o mais eloquente passou a ser o mais estimado.
E este foi o primeiro passo para a desigualdade e, ao mesmo tempo, para o vício.
E este foi o primeiro passo para a desigualdade e, ao mesmo tempo, para o vício. Destas primeiras preferências nasceram a vaidade e o desprezo, por um lado, e o amor-próprio, por outro.
vaidade e o desprezo, por outro, a vergonha e a inveja, e a fermentação
A fermentação produzida por esses novos fermentos acabou por produzir
compostos nocivos à felicidade e à inocência".
[Rousseau, 1984: 114 - itálico meu].

Após esta clara articulação da primazia causal do fim das relações saudáveis de reconhecimento para o estado patológico da sociedade, Rousseau passa, quase imediatamente, a descrever o que identifico como várias "patologias de segundo nível". Em primeiro lugar, argumenta que a unidade cívica é corroída assim que "os campos agradáveis [...] tiveram de ser regados com o suor dos homens" [Rousseau, 1984: 116], em benefício de apenas uma parte da sociedade. Rousseau descreve a ascensão vertiginosa de relações de propriedade injustas [Rousseau, 1984: 117], a dinâmica negativa auto-perpetuadora de uma dependência cada vez maior [Rousseau, 1984: 119] e a conquista quase demoníaca da sociedade pelo único objetivo da produção, em detrimento da liberdade metafísica do homem [ ]. Rousseau articula e depois sublinha esta última submissão citando Ovídio;

"Chocado por um novo mal, rico e miserável, ele quer fugir da sua riqueza e odeia aquilo por que antes rezava,
Ele quer fugir da sua riqueza, e odeia aquilo por que antes rezava."
[Ovídio, Metamorfoses, XI, 127, citado por Rousseau, 1984: 120].

Recapitulando, este modelo híbrido de patologia social, que apresento como uma forma ideal de ler Rousseau, sustenta que existe uma "doença" primária causal, que produz numerosas "doenças" adicionais de segundo nível, que podem então ser identificadas por um conjunto difuso de sintomas.

Um tal esquema de diagnóstico parece corresponder à articulação de Rousseau de uma falha causal primária das relações de reconhecimento, que conduz a muitos outros males sociais. Este modelo parece estar melhor colocado para estabelecer as relações causais entre os vários "males" e todos os "sintomas". Para além da sua maior capacidade de articular a causalidade, este modelo é superior na sua capacidade de identificar o tipo de mal social. Confundir um sintoma com uma doença de segundo nível é mais do que um erro de causalidade alinhada, é um erro de identificação. Isto coloca um problema fundamental.

O meu esquema híbrido identifica, portanto, a existência de "doenças" que são simultaneamente sintomáticas de uma patologia antecedente e causal, ao mesmo tempo que manifestam os seus próprios sintomas na polis em causa. Deste modo, estas doenças de "segundo nível" são simultaneamente um sintoma e uma doença. É esta abordagem que defenderei como forma de ler a *Dialética do Iluminismo.*

Da minha leitura de Rousseau à minha leitura da *Dialética do Esclarecimento*

Retiro duas lições essenciais das leituras do diagnóstico patológico de Rousseau, para informar a minha leitura da *Dialética do Iluminismo* como uma obra de diagnóstico da patologia social.

Em primeiro lugar, Neuhouser e Honneth descreveram (embora isto não seja obviamente exaustivo) cinco tipos de patologia social, nomeadamente a) uma ordem de reconhecimento falhada, b) a existência de uma dinâmica negativa que se auto-perpetua, c) a colonização da sociedade como um todo por um princípio organizador de uma única esfera social, d) uma função social solitária que domina as outras, e e) a ausência de unidade cívica. Na minha leitura da *Dialética do Esclarecimento*, tentarei conscientemente identificar se uma ou outra destas espécies de patologia é descrita por Adorno e Horkheimer.

Em segundo lugar, a interrogação das leituras de Rousseau como patologista social pôs em evidência dois esquemas distintos existentes para a leitura de textos como diagnósticos patológicos. Ao criticar estes esquemas, desenvolvi um terceiro modelo híbrido para a leitura de textos como diagnósticos de patologia social, que realça a possibilidade de um paciente ser visto simultaneamente como um sintoma e como uma doença de segunda ordem, capaz de produzir outros sintomas. Defendi a superioridade deste modelo para articular diagnósticos complexos e a vários níveis, porque pode apresentar padrões causais mais complicados. Assim, aplico este esquema à minha leitura da *Dialética do Iluminismo.*

Capítulo 4

A dialética do Iluminismo como diagnóstico da patologia social

Introdução à minha leitura do diagnóstico patológico *da Dialética do Esclarecimento*

Utilizando os tipos de patologia social identificados em Rousseau por Neuhouser e Honneth, reconstruo agora as proposições centrais da *Dialética do Esclarecimento* de acordo com o meu esquema hibridizado. A condição patológica causalmente dominante que leio em Adorno e Horkheimer é a colonização da sociedade como um *todo* pela racionalidade instrumental, a lógica apropriada meramente para as tarefas sociais de "funcionalidade de meios e fins", e fundamentalmente inadequada para governar todos os processos sociais como um *todo.* Os co-autores podem, por isso, ser vistos como apresentando o modo como a "extraordinária expansão" [Adorno e Horkheimer, 1997: 61] da racionalidade instrumental precipita três "patologias de segundo nível" sob a forma de relações de reconhecimento falhadas, o domínio de uma função social sobre todas as outras e uma dinâmica negativa que se auto-perpetua.

Se a relação entre os "sintomas" e as "doenças de segundo nível" estabelecida pela minha leitura híbrida de Rousseau foi relativamente direta, o mesmo não se pode dizer da *Dialética do Esclarecimento.* O "sintoma" e a "doença" estão muito mais interligados, e são largamente revelados por Adorno e Horkheimer através da exposição e interpretação da alegoria. Para explicar esta enigmática falta de articulação explícita, volto de novo à conceção de Honneth (2000) da

Dialética do Esclarecimento como uma crítica reveladora do mundo, que creio oferecer uma explicação satisfatória do modo de apresentação do coautor. Honneth afirma que;

"Uma crítica reveladora da sociedade [como a *Dialética do Iluminismo*]tenta mudar as nossas crenças de valor evocando novas formas de ver, não pode simplesmente usar um vocabulário de justificação argumentativa. só pode alcançar os seus efeitos se usar recursos linguísticos , ao condensar ou deslocar significados, fazem aparecer factos da realidade social anteriormente não percebidos. realidade social. A apresentação narrativa e a formação de metáforas sugestivas estão entre as figuras de linguagem que têm efeito a abertura de um novo contexto de sentido. Em ambos os casos, tenta-se Em ambos os casos, tentamos, através de uma concentração calculada em determinados contextos de referência, desvendar horizontes de significado que nos permitem ver conjunto das nossas actividades sob uma luz diferente".
[Honneth, 2000: 123]

O argumento de Honneth, com o qual este artigo concorda, é que o trabalho de Adorno e Horkheimer tem como objetivo revelar a realidade social abrindo um novo contexto de significado. Este ponto é central para a conceção de Honneth de uma "crítica reveladora do mundo", e central para a justificação de Honneth da distância crítica transcendente do coautor. Em referência direta à minha leitura da *Dialética do Iluminismo,* o resultado é que os co-autores não articulam explicitamente os sintomas da sua patologia social, mas revelam-nos, para que o leitor os apreenda ele próprio. Consequentemente, a minha leitura centra-se em "metáforas sugestivas" [Ibid] e mostra como a apresentação dos co-autores tenta *revelar* a sociedade como exibindo sintomas de patologia.

A doença dos fundamentos: a colonização da sociedade pela racionalidade instrumental

[27]Na minha interrogação das leituras diagnósticas de Rousseau sobre a patologia social, encontrei a conceção de Neuhouser de uma espécie de doença social em que se pode dizer que uma sociedade está "doente quando um princípio organizador [sic] apropriado a uma das suas esferas se separa [...] e se infiltra (ou "coloniza" [sic]) nas esferas vizinhas [sic]" [Neuhouser, 2014a: 7-8]. Enquanto o princípio organizador que transcendeu a sua função correta na leitura que Neuhouser (2014a e 2014b) faz de Rousseau é a relação monetária, para Adorno e Horkheimer a lógica organizadora prejudicial encontra-se muito mais profundamente na sociedade. A lógica organizadora que colonizou indevidamente as diferentes esferas sociais não é simplesmente uma forma de organização da sociedade, mas *sim uma forma de racionalidade,* baseada numa epistemologia sinónimo da própria modernidade. Em suma, este artigo argumenta que ler a *Dialética do Iluminismo* como uma articulação de como e porquê o funcionamento social é inibido reduz o potencial crítico da obra. A inibição central do funcionamento da sociedade, a patologia hierarquicamente elevada que leio como articulada no texto, é a de uma forma de racionalidade que assume um controlo ilegítimo sobre domínios sociais onde não tem domínio legítimo. Passo agora a explorar o modo como Adorno e Horkheimer articulam o desenvolvimento, a disseminação e a precipitação dos males sociais de segundo nível desta patologia.

[27] O hegelianismo implícito desta posição já foi sublinhado [Neuhouser, 2014a: 7].

A epistemologia do Iluminismo e a difusão da racionalidade instrumental

Em contraste com o "modo mítico de apreensão" [Adorno e Horkheimer, 1997: 6] anterior ao Iluminismo, a epistemologia que define a civilização iluminista é o domínio do frio "concetual" sobre o "particular" do *hic et nunc.* Para usar a expressão de Adorno e Horkheimer, o "intelecto ... percepciona o particular apenas como um caso do geral" [Adorno e Horkheimer, 1997: 84-5]. A passagem da compreensão animista à concetualização é a mudança epistemológica fundadora de , o movimento básico da meta-narrativa do coautor. A epistemologia fundamental do Iluminismo, que nega a existência do particular, precipita uma forma de raciocínio instrumental que se centra nos "fins" e não nos "meios", insensível à existência do indivíduo, miopicamente centrado no objetivo. *A Dialética do Iluminismo*, na minha leitura, apresenta um diagnóstico da sociedade como tendo uma condição patológica, devido à colonização ilegítima de *todas as esferas sociais* pela lógica de tal racionalidade instrumental.

[28]Como indicado, é afastando-se deliberadamente do "vocabulário da justificação argumentativa" [Honneth, 2000: 14] que os co-autores apresentam as especificidades da sua proposta através de duas excursões. Odysseus ou Mito e Iluminismo" retrata o ataque da racionalidade instrumental à subjetividade, enquanto "Juliette ou Iluminismo e Moralidade" retrata o ataque da racionalidade instrumental à moralidade social.

Na reinterpretação radical que Adorno e Horkheimer fazem do encontro de Odisseu com as sereias, vemos o "protótipo do indivíduo

[28] Esta é uma componente importante do tipo de crítica "reveladora" descrita por Honneth [2000].

burguês" [Adorno e Horkheimer, 1997: 43], vinculado, e não apenas figurativamente, pela *relação de* instrumentalidade. Os co-autores defendem que na *Odisseia* podemos "reconhecer [sic] o pensamento esclarecido mesmo no passado mais remoto" [Adorno e Horkheimer, 1997: 45], existindo através da relação entre "poder nu", "subjetividade" e alienação [Adorno e Horkheimer, 1997: 45-47]. Vemos o destino do "ego individual" em contradição com a "finalidade inequívoca ... da ... auto-preservação" [Adorno e Horkheimer, 1997: 46-7].

"A partir do momento em que o homem se desfaz da consciência de que é natureza, todos os fins para os quais ele se mantém vivo se reduzem a nada.
A entronização dos meios como fins . já é percetível em todo o mundo. a entronização dos meios como fins já é percetível na pré-história da subjetividade".
[Adorno e Horkheimer, 1997: 54].

O que se perde é a existência autêntica. O irracionalismo do capitalismo totalitário, cujo modo de satisfação das necessidades tem uma forma objectivada determinada pela dominação que torna impossível a satisfação das necessidades e tende para o extermínio do homem, tem o seu protótipo *no herói que escapa ao sacrifício sacrificando-se a si próprio"* [Adorno e Horkheimer, 1997: 55 - itálicos meus]. Ao tornar-se vítima de uma *relação* abrangente *de* instrumentalidade, o sujeito "dá mais da sua vida do que aquela que lhe é devolvida" [Ibid]. Assim, através da alegoria do encontro de Ulisses com as sereias, os co-autores *da Dialética do Esclarecimento* apresentam "o eu que sempre retém e esquece a sua vida" [Ibid].

Enquanto o ataque à subjetividade, provocado pela colonização da sociedade pela racionalidade instrumental, é apresentado de forma alegórica através da leitura da *Odisseia* pelo coautor, o efeito sobre a moral da sociedade é revelado através do excurso "Juliette ou o Iluminismo e a Moral". [29]A instrumentalidade é utilizada para produzir uma moralidade vazia, como mostra a sistematização da deontologia kantiana.

"Com a consequente confirmação por Kant do sistema científico como forma de verdade, o pensamento sela a sua própria nulidade, porque a ciência é uma prática técnica. de verdade, o pensamento sela a sua própria nulidade, porque a ciência é uma prática técnica prática técnica prática técnica, tão afastada da reflexão sobre o seu próprio objetivo como o estão outras formas de trabalho [sic] sob a pressão do sistema.
como o estão outras formas de trabalho [sic] sob a pressão do sistema.
[Adorno e Horkheimer, 1997: 85].

[30]Com um quadro moral baseado na coerência interna, afastado de uma ética substancial *hic et nunc,* as fórmulas sadianas parecem não ser mais do que um desenvolvimento natural: "Uma vez que a razão não tem objectivos substanciais, todos os afectos são também afastados da sua governação" [Adorno e Horkheimer, 1997: 89], incluindo *o modus operandi* de Clairwill *( ).* Nos verdadeiros "autores obscuros do burguês" [Habermas e Levin, 1982: 21], Nietzsche e de Sade, "mesmo a injustiça, o ódio e a destruição são procedimentos regulados, automáticos, uma

---

[29] Os co-autores comentam a incapacidade de Kant para "derivar o dever de respeito mútuo de uma lei da razão" [Adorno e Horkheimer, 1997: 85]. Os esforços de Kant para fundar um quadro moral fiel ao paradigma iluminista da razão conduzem a resultados "mais sublimes e paradoxais", mas também "efémeros", do que qualquer "tentativa anterior" [Ibid].
[30] A protagonista feminina da *Juliette* de Sade (1797-1801), que mata homens para se vingar das inúmeras indignidades do patriarcado.

vez que a formalização [sic] da razão fez com que todos os objectivos perdessem, como ilusões, qualquer pretensão de necessidade e objetividade" [Adorno e Horkheimer, 1997: 104].

Com a sua "forma obscura de apresentação" [Habermas, 1982:14], os co-autores podem assim ser lidos como demonstrando que a colonização de todas as funções sociais pela racionalidade instrumental [um mal fundador] precipita enormes danos na capacidade de funcionamento da sociedade. Uma tal alteração do funcionamento social impede necessariamente os agentes sociais de terem uma vida plena. A disseminação sem restrições da racionalidade instrumental por toda a sociedade pode ser vista como induzindo três doenças distintas de segundo nível: um quadro de reconhecimento defeituoso (a incapacidade de ver o particular como algo que não seja uma instância do universal), a fixação de um objetivo social (a mera busca da existência) e a criação de uma dinâmica negativa que se autoperpetua (a submissão de que o pensamento esclarecido é a única forma de assegurar a liberdade social, quando esse pensamento está predeterminado a colapsar sobre si próprio, exigindo ainda mais esclarecimento).

As doenças sociais de "segundo nível" precipitaram-se

Uma ordem de reconhecimento pouco saudável

Uma espécie distinta de doença social evidenciada pela leitura da *Dialética do Iluminismo* através do diagnóstico imaginário da patologia social é a de uma **ordem de reconhecimento falhada**. Este tipo de doença social é descrito noutro lugar em Neuhouser (2014a) e Honneth (2007). Na *Dialética do Iluminismo*, é apresentada como o resultado direto da racionalidade instrumental dominante, que transforma todos os actores, processos e contingências "em mera objetividade" [Adorno e Horkheimer, 1997: 9], transforma tanto os dados qualitativos como os agentes sensíveis e afectivos em entidades quantitativas. A influência dos escritos de Lukacs (1968) sobre reificação e equivalência no pensamento de Adorno e Horkheimer é extremamente pronunciada aqui. Lukacs descreve a dinâmica da seguinte forma: a "tendência contínua para uma maior racionalização" [Lukacs, 1972: 88], a marcha implacável da racionalidade instrumental, no cerne do diagnóstico patológico de Adorno e Horkheimer, conduz tanto à "fragmentação do objeto de produção" como à "fragmentação do ... sujeito" [Lukacs, 1972: 88]. sujeito" [Lukacs, 1972: 89]. Adorno e Horkheimer podem ser vistos como reveladores de uma posição semelhante à de Lukacs através da sua leitura da *Odisseia.*

As aventuras de Ulisses constituem, para Adorno e Horkheimer, "a alegoria atual" [Adorno e Horkheimer, 1997: 36] da equivalência e da reificação da sociedade patológica contemporânea, que é, consequentemente, atravessada pela "eliminação das qualidades" através da sua "conversão em funções" [Ibid. É evidente que não identificar o valor do particular no sujeito, e centrarmo-nos apenas no valor funcional do sujeito, é, a um certo nível, não reconhecer o sujeito.

Adorno e Horkheimer lêem a reificação e a equivalência na *Odisseia:*

"O marinheiro Ulisses engana as divindades naturais. Só ocasionalmente, é claro, é que ele se apresenta como um comerciante,

quando há troca de presentes. A dádiva homérica está a meio caminho entre a troca e a oferta... Mas, ao mesmo tempo, a troca de presentes representa o princípio da equivalência: o anfitrião recebe, real ou simbolicamente, o valor equivalente ao seu esforço; o viajante obtém provisões para a viagem...
- o meio básico de regressar a casa".
[Adorno e Horkheimer, 1997: 49].

Adorno e Horkheimer sublinharam que as particularidades dos objectos já têm uma importância limitada. O conteúdo trocado é irrelevante, e o princípio da equivalência domina. Como salienta Roberts, este processo "permite que a conceptualidade dispense a individualidade em favor [sic] da capacidade de desempenhar uma *função"* [Roberts, 2004: 63]. A existência do viajante homérico é funcional, não experiencial: ele vive apenas para regressar a casa.

A relação entre a funcionalidade cega, a negação da particularidade e o fracasso das relações de reconhecimento é ilustrada pelo "artifício" [Adorno e Horkheimer, 1997: 60] utilizado por Ulisses na sua resposta a Polifemo. O exercício da racionalidade instrumental de Odisseu (sobreviver e regressar a casa a todo o custo) leva-o a desfazer-se da sua identidade, identificando-se enganosamente como uma "pessoa".

"As duas acções contraditórias de Ulisses no seu encontro com Polifemo, a sua resposta ao nome e a sua negação, são uma e a mesma coisa. Reconhece-se a si próprio negando-se a si próprio sob o nome de Ninguém; salva a sua vida perdendo-se a si próprio".
[Adorno e Horkheimer, 1997: 60].

A Dialética do Esclarecimento apresenta a negação da identidade do particular através da marcha da equivalência. O sujeito e o objeto passam a existir em relação à sua mera funcionalidade, para além da qual são "matéria morta - um amontoado de coisas" [Horkheimer, 1993: 81]. O agente afetivo, vivo, que respira, a beleza particular de um pôr do sol, ambos são inteiramente "apagados da literatura" numa sociedade burguesa "governada pela equivalência" [Adorno e Horkheimer, 1997: 7]. A sociedade é assim patológica, porque o objeto e o sujeito são reduzidos à sua simples funcionalidade. O sujeito é simultaneamente o agente da marcha da equivalência e a vítima da sua dinâmica. O agente afetivo, que respira, "não se reduz a números", ditame do instrumentalismo iluminista, e "torna-se uma ilusão" aos olhos do "positivismo moderno" [Ibid]. Não é reconhecido.

A incapacidade de ver os seres humanos como algo mais do que "matéria morta", a obsessão pela funcionalidade, a rejeição do particular - tudo isto é dramaticamente ilustrado pela metonímia alargada do Holocausto. Para Adorno e Horkheimer, o maior sintoma trágico do fracasso das relações de reconhecimento é, portanto, Birkenau, o epítome trágico da racionalidade instrumental cega, que literalmente "liquida" o particular [Adorno e Horkheimer, 1997: 17].

O domínio de uma função social sobre todas as outras

Neuhouser (2014a) argumenta que uma espécie de doença social pode ser identificada numa sociedade quando os agentes sociais não conseguem ver satisfeitos simultaneamente os seus dois tipos fundamentais de aspiração societal. Para Neuhouser (2014a), as duas funções sociais são a provisão dos elementos necessários para a existência continuada e a manutenção da liberdade individual, de modo a permitir que o agente viva uma existência realizada. Quando a existência continuada tem total prioridade sobre a experiência vivida, quando a comida é totalmente soberana sobre a liberdade, podemos diagnosticar uma espécie de doença social. A sociedade deve funcionar para satisfazer as necessidades animais dos seus sujeitos, mantendo a capacidade de responder à necessidade quase metafísica de liberdade do homem. As duas funções sociais devem ser cuidadosamente equilibradas, e uma sociedade que vai demasiado longe em qualquer das direcções torna-se patológica.

A afirmação de que a "auto-preservação" se tornou o "ponto último da razão" [Adorno e Horkheimer, 1997: 29], como os co-autores argumentam em "O Conceito de Iluminismo", é o epítome deste tipo de doença social. Para Adorno e Horkheimer, o desejo de manter o funcionamento de um agente vivo, o desejo de permanecer vivo, de produzir, consumir e repetir, reivindicou a soberania sobre as dimensões afectivas e experienciais da existência humana. O "entretenimento de algodão doce" [Adorno e Horkheimer, 1997: xv] da indústria cultural ilustra o domínio do consumo quantitativo sobre a experiência qualitativa. Como resultado, esta purga do mimético, do afetivo e do experiencial, manifesta-se em sintomas como a totalidade da indústria cultural, de toda a monotonia que "estiola a humanidade" [Ibid].

A descrição de Ulisses amarrado ao mastro representa tanto o domínio de uma racionalidade instrumental, ligando e negando o particular, como disse, mas também **o objetivo dessa instrumentalidade: a sobrevivência.** O sujeito esclarecido, ao abandonar-se a uma forma de existência que dá prioridade à existência sobre a experiência, "dá mais da sua vida do que lhe é devolvido" [Adorno e Horkheimer, 1997: 55]. A sociedade funciona para se produzir, consumir e perpetuar: não se procura um "bem" objetivo. O regresso a casa é a única missão de Odisseu. A tentadora Circe representa, assim, a oposição prejudicial à "vontade fixa do sujeito [esclarecido]" [Adorno e Horkheimer]. [Adorno e Horkheimer, 1997: 69], o "regresso ao impulso básico", um regresso de facto à "espécie biológica mais antiga", ao "abandono... ao instinto", ao chafurdar no *hic et nunc.* Para Adorno e Horkheimer, este regresso à espécie é o próprio antípoda do instrumentalismo iluminista.

A sociedade iluminista, a "civilização", caracteriza-se pelo domínio de uma função social, a sobrevivência contínua, sobre a dupla aspiração social necessária, a possibilidade de uma existência livre e realizada para os agentes sociais. Para os co-autores, os sintomas de uma tal patologia social nunca são articulados, servindo a interpretação de *Ulisses* antes como alegoria para os milhares de milhões de "escravos assalariados", amarrados aos mastros dos seus empregos, retendo a gratificação, concentrando-se exclusivamente na sua sobrevivência.

<u>A existência de uma dinâmica negativa auto-sustentada</u>

Neuhouser (2014a e 2014b) identifica a existência de uma espécie de doença social que ele descreve como uma "dinâmica negativa auto-perpetuante" [Neuhouser, 2014a: 11]. Em Rousseau, esta assume a forma de uma espiral interminável de dependência e falsas necessidades desencadeada pelos primeiros estímulos do *Amor-próprio.* Na *Dialética do Iluminismo*, a colonização da sociedade pela racionalidade instrumental também precipita um movimento negativo auto-perpetuante, que identifico como um tipo distinto de "doença social secundária".

Os co-autores afirmam no prefácio a sua certeza de que "a liberdade social é inseparável do pensamento esclarecido" [Adorno e Horkheimer, 1997: xiii], mas também estão conscientes da "tendência prática para a auto-destruição [que] sempre foi caraterística" do pensamento esclarecido [Adorno e Horkheimer, 1997: xvii]. A dinâmica é, pois, a seguinte: precisamos do pensamento iluminista para a liberdade social, mas o pensamento iluminista autodestrói-se sempre, conduzindo ao inevitável "regresso da civilização iluminista à barbárie" [Adorno e Horkheimer, 1997: xvi-xvii]. O Iluminismo é essencial para a liberdade social, mas é "em última análise auto-destrutivo" [Adorno e Horkheimer, 1997: 4], engendrando a barbárie, que exige ainda mais Iluminismo. O processo cíclico é descrito como uma "dinâmica negativa que se autoperpetua" [Neuhouser, 2014a: 11], uma doença societal de segundo nível precipitada pelo domínio da racionalidade instrumental. A ausência de epistemologias alternativas, de racionalidades alternativas miméticas ou não-subsuntivas, faz do pensamento esclarecido a única saída da reação. [31]Finlayson (2007) faz uma comparação adequada com o grito de Parsifal: "Nur eine Waffe taugt: - die Wunde schliesst der Speer nur, der sie schlug" [Wagner, 2000: terceiro ato, cena dois] [Finlayson, 2007:649].

Sobre o esquema híbrido aplicado à *Dialética do Iluminismo*

Esta leitura sensível à patologia da *Dialética do Iluminismo* realçou a centralidade da crítica dos co-autores à marcha da racionalidade instrumental em toda a sociedade. O meu esquema híbrido permitiu que

[31] A tradução inglesa é: "a single weapon will serve: only the spear that struck you will heal the wound".

a leitura realçasse a centralidade desta apresentação, ao mesmo tempo que mapeava as "doenças de segundo nível" reveladas pela *Dialética do Iluminismo.* O modo único de apresentação da *Dialética do Iluminismo, o* uso da alegoria e da sugestão, leva os autores a aludir a sintomas e a produzir uma constelação de males observáveis, ao contrário de Rousseau, que Neuhouser (2014b) lê como ligando claramente patologia e sintoma. Os horrores da *Shoah* funcionam, a um certo nível, como sintomas de todos os aspectos da brutalidade da modernidade, como prova da sua auto-destruição, do fracasso titânico do reconhecimento. O guarda do campo que se agarra ao mastro, que permanece no seu posto, para se manter vivo, independentemente dos aspectos experienciais e afectivos da sua existência.

Capítulo 5

Responder aos desafios: os méritos da patologia social ler o diagnóstico

Tendo apresentado uma leitura da *Dialética do Iluminismo* como diagnóstico de patologia social, estruturada pelo meu esquema híbrido, passo agora a articular o modo como esta abordagem ajuda a ultrapassar as críticas centrais apresentadas na literatura contemporânea. Para recapitular, as três críticas mais proeminentes são que a obra exibe uma totalização excessiva, é a-histórica ao extremo e, consequentemente, oferece ao leitor pouco mais do que um nevoeiro metafísico. Ao identificar as caraterísticas da forma patológica, e do meu esquema hibridizado em particular, respondo diretamente a estes desafios, para demonstrar como *a Dialética do Iluminismo* continua a ser uma obra importante, relevante e incisiva de filosofia social.

Responder à acusação de totalização excessiva

Uma sociedade totalmente infetada não é uma sociedade totalmente debilitada

Há aqui uma distinção essencial a fazer: dizer que a sociedade no seu conjunto sofre de uma "doença social" não significa necessariamente dizer que toda a sociedade está completamente debilitada no seu funcionamento. Depende certamente do tipo de doença que está a ser diagnosticada. A minha leitura da *Dialética do Iluminismo* faz sobressair a ideia de que toda a sociedade está infetada por uma forma de raciocínio que ultrapassou o seu domínio natural e colonizou a sociedade. O aspeto da totalização que pode ser legitimamente lido aqui é que toda a sociedade está infetada por uma lógica, por uma *relação,* que está fora do lugar. Isto não é o mesmo que dizer que toda a sociedade está completamente debilitada, que não resta nada de "bom" na sociedade, seja ela qual for. Habermas e Levin (1982) argumentam que *a dialética do Iluminismo* é insuficiente porque não deixa nenhum aspeto da sociedade intocado pela disseminação da racionalidade intencional. Argumentam que a razão instrumental não infectou "a ciência moderna ... as concepções universalistas de justiça e moralidade, [ou] a arte autónoma" [Habermas e Levin: 1982: 17], e que Adorno e Horkheimer não o reconhecem. Há outra possibilidade: todos os aspectos da sociedade podem ser infectados, a infeção pode ser total: no entanto, a espécie de infeção, a disseminação indevida de uma certa *proporção*, não destrói esses aspectos da sociedade, ou simplesmente a infeção ainda não atingiu essas áreas. Tal como um médico pode diagnosticar um doente como sofrendo de A.I.D.S. e afirmar que todo o sistema está a sofrer de uma patologia totalizante, a visão do doente, por exemplo, pode não ser afetada, estar até à data ou totalmente a salvo da infeção. A crítica de que o diagnóstico de Adorno e Horkheimer é demasiado totalizante tem de ser reconsiderada e, se considerarmos o esquema do diagnóstico da patologia, parece consideravelmente menos prejudicial. **A totalidade social pode, portanto, ser coerentemente considerada "doente", enquanto certos aspectos do seu funcionamento permanecem óptimos.**

Sobre a natureza de uma doença fundamental

No centro do meu esquema patológico de leitura de textos como diagnósticos de patologia social, está a ideia de que certos teóricos consideram que existe, de facto, um X grave e fundamental que prejudica o funcionamento social, infectando a sociedade como um todo. Há de facto um aspeto deste tipo de crítica que é, se não totalizante, pelo menos singularmente expansivo. Dito isto, a ideia de que a *Dialética do Esclarecimento* é *indevidamente* totalizadora não nos ajuda a compreender o tipo de crítica que está a ser conduzida. A minha leitura da Dialética *do Iluminismo* é a de uma obra que evoca uma crítica da sociedade como sofrendo de uma falha que existe nas próprias fundações da modernidade; uma falha que é fundamental para a epistemologia do Iluminismo. Tal como Honneth (2007) lê Rousseau como um argumento sobre a forma como a sociedade como um todo é prejudicada pela ascensão do *amor-próprio* e pelo fim da relação monológica consigo mesmo, defendo que Adorno e Horkheimer se envolvem num tipo de crítica que é justamente totalizante: uma crítica que procura legitimamente ver se há algo de errado com os próprios fundamentos da organização social. Tal como identifiquei na minha leitura da imunodeficiência, vejo esta falha fundamental como a ascensão ilegítima da racionalidade instrumental, que precipitou outras "doenças secundárias". Rejeitar o diagnóstico de patologia social por empregar uma tal crítica fundamental impediria qualquer hipótese de "autocrítica terapêutica", uma "crítica dentro de cujos horizontes podemos chegar a um acordo sobre a adequação do nosso modo de vida" [Honneth, 2000: 122].

Respondendo à acusação de que *a Dialética do Iluminismo* é injustamente a-histórica

Ao contrário da filosofia social liberal ortodoxa, *Dialectics of Enlightenment* é inegavelmente a-histórica. A ascensão do fascismo é uma força motivadora para os co-autores, em vez de ser objeto de uma análise detalhada. Embora a acusação de a-historicidade fosse uma crítica contundente a um livro que tentasse explicar como, ou porquê, uma sociedade específica era injusta, ou que uma sociedade específica exibia formas particulares de injustiça, esse não é simplesmente o objetivo de uma obra de diagnóstico patológico. Por conseguinte, os factos históricos desempenham um papel diferente nas análises de Adorno e Horkheimer ( ).

Crítica de "uma forma de vida[32]

O objetivo de um diagnóstico de patologia social é fornecer "uma crítica não apenas da injustiça social***, mas de toda uma forma de vida"*** [Honneth, 2007: 7 - ênfase acrescentada]. Para delinear os aspectos de um tal objeto de crítica, para extrair o que é uma "forma de vida" num determinado lugar e num determinado tempo, a homogeneidade, a a-historicidade e a hipostatização indevida são descaradamente inevitáveis. Uma "forma de vida" *enquanto* "forma de vida" é abstrata e a-histórica por natureza. A "forma de vida" criticada pelas patologias sociais é **uma amálgama abstrata e indefinível das várias funções sociais em consolidação**.

A história como motivação para escrever

Embora os argumentos de *Dialectique des Lumières* contenham poucas referências precisas a momentos históricos, e até se refiram frequentemente a acontecimentos fictícios, como o mito da *Odisseia,* é

[32] As discussões sobre o que se entende exatamente por "uma forma de vida" e como descobri-la farão parte do meu próximo projeto.

importante recordar o momento histórico que inspirou as análises dos co-autores. O livro está inteiramente enraizado no momento em que foi escrito, e os horrores da *Shoah* ressoam ao longo das suas páginas. De certa forma, é uma obra inteiramente enraizada no presente. O Holocausto levou os autores a questionarem-se sobre o desenvolvimento cultural da humanidade como um todo, e o prefácio do livro refere como os autores procuraram uma explicação para o Shoah,

"Porque é que a humanidade, em vez de entrar numa condição verdadeiramente humana, está a afundar-se numa nova forma de barbárie?
Porque é que a humanidade se está a afundar numa nova forma de barbárie?
[Adorno e Horkheimer, 1997: xi].

Esta é, na minha opinião, uma questão perfeitamente razoável para os co-autores se colocarem quando confrontados com um fluxo progressivo das realidades do "terror nazi" [Adorno e Horkheimer, 1997: ix]. [33]A partir de uma perspetiva determinista, uma nova consciência é induzida: toda a história humana, todos os desenvolvimentos da ciência, da lógica, da comunicação, todos os desenvolvimentos conduziram a este acontecimento, a este "sacrifício pelo fogo"... Certamente que, nesta altura, um questionamento do desenvolvimento da espécie humana ao nível da meta-narração é não só compreensível, não só justificável, como inteiramente lógico.

[33] É uma tradução direta do grego "holocaustos".

Respondendo à acusação de que a *Dialética do Iluminismo* é um mero nevoeiro metafísico

Quando as críticas gémeas da totalização e da a-historicidade são aceites, uma conclusão comum na literatura crítica é que a *Dialética do Iluminismo* apresenta, portanto, apenas um "nevoeiro metafísico" [Bronner, 2011: 60]: *que não há uma verdadeira submissão crítica em curso.* No entanto, quando a *Dialética do Iluminismo* é considerada a partir do imaginário do diagnóstico da patologia, surgem duas respostas a esta acusação.

O leitor pode perder-se no âmbito da história

A Dialética do Iluminismo apresenta uma submissão anexada a uma meta-narrativa de tal magnitude, tão titânica, que pode parecer simultaneamente assustadora e acrítica. A crítica apresentada pelos co-autores tem as suas raízes numa transição epistemológica, que raramente é explicitamente ligada a acontecimentos do mundo da vida. Por isso, é fácil ter a impressão de que os co-autores estão a apresentar um uivo, um grito, um requiem, em vez de uma crítica da sociedade a partir dos seus fundamentos. No entanto, eu diria que o texto coloca um verdadeiro desafio à modernidade: o crescimento da racionalidade instrumental baseada na epistemologia iluminista, caracterizada pelo domínio do conceito sobre o particular, ultrapassou os seus limites aceitáveis e infectou todas as tarefas com a lógica da calculabilidade irreflectida dos meios. Trata-se de uma submissão maciça. Uma submissão que diz respeito ao desenvolvimento do pensamento e da atividade humana ao longo dos milénios. Na escala da história apresentada, é fácil perder o rasto a esta submissão crítica.

Uma potencial violação do dever de informação

Uma segunda explicação para esta acusação pode ser o facto de os leitores simplesmente não conseguirem compreender, ou ficarem perplexos, com a forma enigmática e idiossincrática de revelação crítica em ação na *Dialética do Iluminismo.* A tentativa de revelar a forma como a sociedade apresenta sintomas de doença através de uma leitura da *Odisseia* e de Sade pode ser simplesmente desagradável ou inacessível para alguns leitores.

Capítulo 6

Responder a uma possível resposta

Uma pergunta razoável a fazer em resposta a este documento poderia ser a seguinte: Se Horkheimer e Adorno pretendiam mostrar que a sociedade estava "doente", que impedia, em maior ou menor grau, o bom funcionamento dos indivíduos que a compõem, porque é que não utilizaram simplesmente estes termos de forma explícita?

A minha resposta a este desafio seria que este artigo não ofereceu uma exegese *ad verbatim*; em vez disso, ofereceu um quadro para a leitura do texto, um esquema imaginativo que permite a um teórico ver a verdadeira natureza crítica da *Dialética do Iluminismo.* O meu esquema híbrido permite ao leitor observar as muitas camadas de patologia em ação, observar como a modernidade e a sua natureza patológica são postas em evidência. Não pretendo que os co-autores alguma vez tenham pensado na sociedade em termos de imunodeficiência ou de cancro! Nem pretendo que esta seja a única forma de ler a *Dialética do Esclarecimento* que nos permite tirar partido do seu potencial crítico. Pelo contrário, defendo que quando nos afastamos dos locais tradicionais da filosofia social e política e vemos a *Dialética do Esclarecimento* como reveladora da forma como a sociedade pode ser vista como sofrendo de um atraso funcional, o leitor beneficia da análise multifacetada da crítica da sociedade feita por Adorno e Horkheimer. O que a minha leitura vê como o mal fundamental da sua crítica, a disseminação da racionalidade instrumental em todas as áreas da civilização, é de facto uma submissão de considerável importância crítica. A alienação do *hic et nunc,* a mercantilização e a reificação, o movimento negativo autoperpetuante de barbárie-iluminismo-barbárie-iluminismo, e o foco míope na mera sobrevivência induzido pela disseminação da racionalidade instrumental, são todos efetivamente destacados pela leitura imunodeficiente da *Dialética do Esclarecimento.*

Conclusões

A ideia de que a *Dialética do Iluminismo* pode ser lida como um diagnóstico da sociedade como sofrendo de algum tipo de doença é tangencialmente postulada por Honneth (2000), em "The Possibility of a Disclosing Critique of Society: The *Dialectic of Enlightenment* in Light of Current Debates in Social Criticism" [Honneth, 2000: 118]. Embora o argumento central do artigo de Honneth seja o de que a *Dialética do Iluminismo* oferece uma espécie de crítica reveladora, a fim de atenuar a crítica recorrente de que *a Dialética do Iluminismo* exibe uma distância crítica indevidamente transcendente, considerei igualmente importante do ponto de vista académico a via inexplorada de que o livro oferece um "diagnóstico da patologia social". Este artigo apresenta, portanto, uma análise da *Dialética do Iluminismo* como uma obra de diagnóstico de patologia social, e mostra como essa leitura refuta três acusações recorrentes feitas contra a obra na literatura crítica recente: a de totalização excessiva, a-historicidade e a suspeita resultante de que a *Dialética do Iluminismo* é, em última análise, pouco mais do que um prolongado nevoeiro metafísico.

A fim de produzir uma leitura da *Dialética do Iluminismo* sob a forma de um diagnóstico patológico, interroguei a forma do diagnóstico patológico na filosofia social. Este artigo oferece, portanto, uma discussão da forma patológica em abstrato, antes de analisar duas leituras concorrentes do diagnóstico patológico de Rousseau como patologista social, apresentadas por Neuhouser e Honneth. Através de uma crítica aprofundada das suas leituras contrastantes de Rousseau, salientei tanto os esquemas contrastantes utilizados para ler os textos como diagnósticos patológicos, como cinco tipos distintos de doença social. Ao criticar os dois esquemas propostos, desenvolvi o meu próprio esquema híbrido, que apresentei como oferecendo um modelo superior através da sua capacidade de mapear "doenças de segundo nível", e assim estabelecer diagnósticos mais complicados, com padrões de causalidade mais interligados.

A aplicação do meu esquema hibridizado à *Dialética do Iluminismo* evidenciou a primazia da propagação ilegítima da racionalidade instrumental em todos os domínios da sociedade. Com esta propagação da racionalidade intencional identificada como a doença causal, identifiquei três doenças sociais precipitadas de segundo nível: a existência de um quadro de reconhecimento defeituoso, o domínio de uma função social, a sobrevivência, sobre todas as outras preocupações, e a existência de uma dinâmica negativa que se auto-perpetua. *A Dialética do Iluminismo*, com a sua forma idiossincrática de crítica "reveladora do mundo", não apresenta explicitamente os "sintomas". Pelo contrário, a obra propõe uma exposição e interpretação de acontecimentos fictícios e míticos de forma a trazer à tona, a revelar na mente do leitor, "factos até então não percebidos na realidade social" [Honneth, 2000: 123]: sintomas sociais. A minha análise incorpora, portanto, uma "revelação forçada", ao realçar explicitamente os sintomas deduzidos.

Depois de apresentar a minha leitura da *Dialética do Esclarecimento,* expliquei explicitamente como esta leitura do texto atenua as acusações de a-historicidade, totalitarismo e, consequentemente, de ser considerado como um mero nevoeiro metafísico, que têm prejudicado a receção recente da obra. Expliquei como argumentar que a sociedade no seu conjunto foi infetada por uma doença não é o mesmo que argumentar que a sociedade no seu conjunto não funciona. Expliquei como a ideia de uma doença causal procura fazer emergir a ideia de que há uma falha fundamental na sociedade como um todo, que há uma doença que é responsável pela incapacidade da sociedade como um todo de produzir uma "forma de vida" que permita aos agentes ter uma existência satisfatória. Mostrei como a análise de uma "forma de vida", o principal objetivo da análise da doença, pode ser uma fonte de preocupação para a sociedade como um todo.

o patologista social, é qualitativamente distinto da análise ou articulação de uma forma ou instância de injustiça e, por conseguinte, utiliza o histórico e o contingente para um objetivo analítico divergente. Mostrei como *a Dialética do Esclarecimento* foi produzida no rescaldo imediato da *Shoah* e é, por isso, estimulada pelo desejo de compreender um dos momentos titânicos da história humana; um momento que legitimamente levaria os teóricos a questionar o desenvolvimento da espécie humana como um todo, ao nível da meta-narrativa. Depois de ter exposto estas facetas, expliquei como a leitura da *Dialética do Iluminismo* do ponto de vista de um diagnóstico da sociedade apresenta mais do que uma mera nebulosa metafísica; pelo contrário, é apresentado um argumento claro e convincente. As estruturas societais existentes na forma de vida moderna são vistas como incomensuráveis com o funcionamento primário dos agentes sociais, estando as referidas estruturas societais infectadas pela propagação ilegítima de uma racionalidade "intermédia" ou "instrumental".

Antes de concluir, respondi a uma réplica antecipada. Deixei claro que a minha leitura híbrida do diagnóstico da patologia social é apenas isso, *uma leitura, uma* forma de extrair os argumentos integrais e o capital crítico da *Dialética do Iluminismo:* não propus uma exegese *ad verbatim*. Em momento algum afirmo que a linguagem da patologia utilizada neste artigo tenha passado pelas mentes de Adorno e Horkheimer, nem que a minha abordagem seja a única forma de revigorar o poder crítico da obra. Tenho, no entanto, duas reivindicações finais a fazer para a minha leitura, uma relativa ao meu esquema híbrido em abstrato, enquanto a outra liga a minha leitura da *Dialética do Esclarecimento* ao desenvolvimento do pensamento posterior de Adorno.

Considero que o esquema híbrido que criei para ler a *Dialética do Iluminismo* como um trabalho de diagnóstico da patologia social tem o potencial de funcionar como muito mais do que um simples esquema de leitura de textos. Defendo que a abordagem tem potencial para ser, por si só, a força orientadora consciente por detrás da crítica. A imaginação e o mapeamento de uma condição fundamental, precipitando doenças de segundo nível, que se manifestam como uma constelação de sintomas, tem o potencial de ser um quadro analítico consciente em si mesmo.

Se a *Dialética do Esclarecimento* pode ser lida como um trabalho de diagnóstico da patologia social, a um nível sinóptico e macrocósmico, os pormenores da "doença", o microcosmos da imperfeição, podem ser lidos em *Minima Moralia.* A última obra de Adorno retrata uma "sociedade danificada" de forma mais explícita, e o léxico do diagnóstico é constantemente utilizado. Talvez o aforismo mais associado a *Minima Moralia*, traduzido por várias iterações de "não há vida boa no falso" [Adorno, 1999: 39], seja assim, a meu ver, uma articulação sublime da natureza multifacetada e profunda do diagnóstico patológico em ação em ambos os textos. O florescimento humano, *richtiges Leben,* é incomensurável com uma sociedade patológica, *inatingível im Falschen.* O poder crítico da *Dialética do Esclarecimento* reside na sua capacidade desenfreada de revelar a profundidade do *falso* na estruturação social e, assim, de evidenciar a incomensurabilidade entre a modernidade e a verdadeira felicidade humana.

Bibliografia

Adorno, T. (1999 [1951]) *Minima Moralia: Reflections on a Damaged Life,* traduzido por E.F.N. Jephcott, Londres, Verso.

Adorno, T. e Horkheimer, M. (1997 [1944/7]) *Dialectics of the Enlightenment,* traduzido por John Cumming, Londres, Verso.

Bronner, S. (2011) "Enlightened illusions" *in Critical Theory: A Very Short Introduction,* Oxford, Oxford University Press pp. 51-62

de Sade (2005 [1797-1801]) *Juliette, em* de Sade (2005) *The Complete Marquis de Sade, Vol. 1,* traduzido por Paul J. Gillette, Los Angeles, Holloway House

Duttmann, A. (2007) *Philosophy of Exaggeration*, traduzido por James Phillips, Londres, Bloomsbury.

Finlayson, J. G. (2007) "Political, Moral and Critical Theory: On the Practical Philosophy of the Frankfurt School" *in* Rosen, M. e Leiter, B. (eds.) (2007) *The Oxford Handbook of Continental Philosophy,* Oxford, Oxford University Press

Habermas, J. e Levin, T. (1982) "The Entwinement of Myth and Enlightenment: Rereading dialectic of Enlightenment", *New German Critique,* Vol. 26, pp. 13-30.

Habermas, J. (1987) *The Political Discourse of Modernity: Twelve Lectures,* Cambridge, MA, M.I.T. Press

Herf, J. (2012) "Dialectic of Enlightenment reconsidered", *New German Critique,* Vol. 39(3), pp. 81-89.

Hirschman, A. (1991) *The Rhetoric of Reaction: Perversity, Futility, Jeopardy,* Cambridge, MA, Harvard University Press.

Homero (2003 [c. 769 a.C.]) *A Odisseia,* tradução de E.V. Rieu, Londres, Penguin Classics

Honneth, A. (2000) "A possibilidade de uma crítica reveladora da sociedade: A Dialética do Iluminismo à luz dos debates actuais na crítica social", *Constelações* (7), pp.116-127

Honneth, A. (2007) "Pathologies of the Social: The Past and Present of Social Philosophy", em *Disrespect: The Normative Foundations of Critical Theory,* traduzido por Joseph Ganahl, Cambridge, Polity Press.

Honneth, A. (2014) "The Diseases of Society: Approaching a Nearly Impossible Concept", *Social Research,* Vol. 81, No. 3, outono de 2014, pp. 683-703.

Horkheimer, M. (1931*) La situation actuelle de la philosophie sociale et les tâches d'un institut de recherche sociale, in* Bronner, S. (1989) *Critical Theory and Society: A Reader,* Londres, Routledge, pp.25-37

Horkheimer, M. (1975 [1937]) "Traditional and Critical Theory", em *Critical Theory: Selected Essays,* traduzido por Matthew J. O'Connell, Londres, Continuum

Horkheimer, M. (1993) "Reason Against Itself: Some Remarks on Enlightenment", *Theory, Culture and Society,* Vol. 10, pp. 79-88.

Lukacs, G. (1972 [1968]) *History and Class Consciousness: Studies in Marxist Dialectics*, traduzido por Rodney Livingstone, Cambridge, MA, MIT Press.

Neuhouser, F. (1993) "Freedom, dependence and the General Will", *The Philosophical Review,* Vol. 102, No. 3 (julho de 1993), pp. 363-395.

Neuhouser, F. (2010) *The Theodicy of Self-Love in Rousseau: Evil, Rationality, and the Drive for Recognition*, Oxford, Oxford University Press.

Neuhouser, F. (2014a) "Rousseau and the idea of a 'sick' society", texto traduzido, pp. 1-22, gentilmente cedido pelo autor, originalmente publicado como "Rousseau und die Idee einer "pathologischen"". Gesellschaft", *Politische Vierteljahresschrift* (53) Jg. 4/2012, pp. 628-645

Neuhouser, F. (2014b) 'Rousseau: The Idea of Social Pathology', artigo compilado para uma série de palestras convidadas, Universidade de Essex, 19th de maio de 2014.

Ovídio (2004 [8CE]) *Metamorphoses: A New Translation in Verse,* traduzido por David Raeburn, Londres, Penguin Classics

Platão (1992) *República*, traduzido por G. M. A. Grube e C. D. C. Reeve, Indianápolis, Hackett

Roberts, J. (2004) "The Dialectic of Enlightenment" *in* Rush, F. (2004) *The Cambridge Companion to Critical Theory,* Cambridge, Cambridge University Press.

Rorty, R. (1989) *Contingency, Irony and Solidarity,* Cambridge, Cambridge University Press.

Rousseau, J.J. (1964 [1762]) *O Contrato Social,* traduzido por Maurice Cranston, Londres, Penguin Books

Rousseau, J.J. (1984 [1755]) *Discours sur l'inégalité,* traduzido por Maurice Cranston, Londres, Penguin Books.

Rousseau, J.J. (1997 [1755]) "Discours sur l'économie politique", *in* Rousseau, J.J. (1997) *The Discourses and Other Early Writings,* traduzido por Victor Gourevitch, Cambridge, Cambridge University Press.

Rousseau, J.J. (2015 [1762]) *Emile, ou De l'éducation,* traduzido por B. Foxley, Londres, J.M. Dent & Sons.

van den Brink, B. (1997) "Gesellschaftstheorie und Ubertreibungskunst. Fur eine alternative Lesart der "Dialetik der Aufklarung",', *Neue Rundschau 1,* pp. 37-59

Van Reijen, W. (1988) "The dialectic of Enlightenment read as allegory", *Theory, Culture and Society* Vol. 5(2), pp. 409-429.

Vasillopulos, C. (2012) "Thomas Mann and the German Critique of Enlightenment", *Atilim Sosyal Bilimler Dergisi 2* (2), 7-19.

Wagner, R. (2000 [1882]) *Parsifal,* Nova Iorque, Konemann

Walzer, M. (1987) *Interpretation and Social Criticism,* Cambridge, MA, Harvard University Press.

Wokler, R. (2001) *Rousseau: A Very Short Introduction,* Oxford, Oxford University Press

Yack, B. (1997) "Disentangling theory and practice in the modern world" *in The Fetishism of Modernities: Epochal Self-Consciousness in Contemporary Social and Political Thought,* Notre Dame, University of Notre Dame Press, pp. 119-136.

Printed by Books on Demand GmbH, Norderstedt / Germany